TADJIQUE

VOCABULÁRIO

PORTUGUÊS BRASILEIRO

PORTUGUÊS TADJIQUE

Para alargar o seu léxico e apurar
as suas competências linguísticas

3000 palavras

Vocabulário Português Brasileiro-Tadjique - 3000 palavras
Por Andrey Taranov

Os vocabulários da T&P Books destinam-se a ajudar a aprender, a memorizar, e a rever palavras estrangeiras. O dicionário é dividido em temas, cobrindo todas as principais esferas de atividades quotidianas, negócios, ciência, cultura, etc.

O processo de aprendizagem, utilizando os dicionários baseados em temáticas da T&P Books dá-lhe as seguintes vantagens:

• Informação de origem corretamente agrupada predetermina o sucesso em fases subsequentes da memorização de palavras
• Disponibilização de palavras derivadas da mesma raiz, o que permite a memorização de unidades de texto (em vez de palavras separadas)
• Pequenas unidades de palavras facilitam o processo de estabelecimento de vínculos associativos necessários para a consolidação do vocabulário
• O nível de conhecimento da língua pode ser estimado pelo número de palavras aprendidas

T&P Books Publishing
www.tpbooks.com

ISBN: 978-1-78767-434-9

Este livro também está disponível em formato E-book.
Por favor visite www.tpbooks.com ou as principais livrarias on-line.

VOCABULÁRIO TADJIQUE
palavras mais úteis

Os vocabulários da T&P Books destinam-se a ajudar a aprender, a memorizar, e a rever palavras estrangeiras. O vocabulário contém mais de 3000 palavras de uso comum organizadas tematicamente.

O vocabulário contém as palavras mais comummente usadas
Recomendado como adicional para qualquer curso de línguas
Satisfaz as necessidades dos iniciados e dos alunos avançados de línguas estrangeiras
Conveniente para o uso diário, sessões de revisão e atividades de auto-teste
Permite avaliar o seu vocabulário

Características especias do vocabulário

* As palavras estão organizadas de acordo com o seu significado, e não por ordem alfabética
* As palavras são apresentadas em três colunas para facilitar os processos de revisão e auto-teste
* As palavras compostas são divididas em pequenos blocos para facilitar o processo de aprendizagem
* O vocabulário oferece uma transcrição simples e adequada de cada palavra estrangeira

O vocabulário contém 101 tópicos incluindo:

Conceitos básicos, Números, Cores, Meses, Estações do ano, Unidades de medida, Roupas & Acessórios, Alimentos & Nutrição, Restaurante, Membros da Família, Parentes, Caráter, Sentimentos, Emoções, Doenças, Cidade, Passeios, Compras, Dinheiro, Casa, Lar, Escritório, Trabalho no Escritório, Importação & Exportação, Marketing, Pesquisa de Emprego, Esportes, Educação, Computador, Internet, Ferramentas, Natureza, Países, Nacionalidades e muito mais ...

TABELA DE CONTEÚDOS

GUIA DE PRONUNCIAÇÃO

Letra	Exemplo Tadjique	Alfabeto fonético T&P	Exemplo Português
A a	Рахмат!	[a]	chamar
Б б	бесохиб	[b]	barril
В в	вафодорй	[v]	fava
Г г	гулмохй	[g]	gosto
Ғ ғ	мурғобй	[ʁ]	[r] vibrante
Д д	мадд	[d]	dentista
Е е	телескоп	[e:]	plateia
Ё ё	сайёра	[jɔ]	ioga
Ж ж	аждахо	[ʒ]	talvez
З з	сӯзанда	[z]	sésamo
И и	шифт	[i]	sinônimo
Й й	обчакорй	[i:]	cair
Й й	хайкал	[j]	Vietnã
К к	коргардон	[k]	aquilo
Қ қ	нуқта	[q]	teckel
Л л	пилла	[l]	libra
М м	мусиқачй	[m]	magnólia
Н н	нонвой	[n]	natureza
О о	посбон	[o:]	albatroz
П п	папка	[p]	presente
Р р	чароғак	[r]	riscar
С с	суръат	[s]	sanita
Т т	тарқиш	[t]	tulipa
У у	мухаррик	[u]	bonita
Ӯ ӯ	кӯшк	[œ]	orgulhoso
Ф ф	фурӯш	[f]	safári
Х х	хушксолй	[x]	fricativa uvular surda
Ҳ ҳ	чарогох	[h]	[h] aspirada
Ч ч	чароғ	[ʧ]	Tchau!
Ҷ ҷ	ҷанҷол	[ʤ]	adjetivo
Ш ш	нашриёт	[ʃ]	mês
Ъ ъ ¹	таърихдон	[:], [ʔ]	letra muda
Э э	эхтимолй	[ɛ]	mesquita
Ю ю	юнонй	[ju]	nacional
Я я	яхбурча	[ja]	Himalaias

Comentários

[1]   [:] - Prolonga a vogal anterior; ['] - após consoantes é usado como um 'sinal forte'

ABREVIATURAS
usadas no vocabulário

Abreviaturas do Português

adj	-	adjetivo
adv	-	advérbio
anim.	-	animado
conj.	-	conjunção
desp.	-	esporte
etc.	-	Etcetera
ex.	-	por exemplo
f	-	nome feminino
f pl	-	feminino plural
fem.	-	feminino
inanim.	-	inanimado
m	-	nome masculino
m pl	-	masculino plural
m, f	-	masculino, feminino
masc.	-	masculino
mat.	-	matemática
mil.	-	militar
pl	-	plural
prep.	-	preposição
pron.	-	pronome
sb.	-	sobre
sing.	-	singular
v aux	-	verbo auxiliar
vi	-	verbo intransitivo
vi, vt	-	verbo intransitivo, transitivo
vr	-	verbo reflexivo
vt	-	verbo transitivo

CONCEITOS BÁSICOS

1. Pronomes

eu	ман	[man]
você	ту	[tu]
ele	ӯ, вай	[œ], [vaj]
ela	ӯ, вай	[œ], [vaj]
ele, ela (neutro)	он	[on]
nós	мо	[mo]
vocês	шумо	[ʃumo]
o senhor, -a	Шумо	[ʃumo]
senhores, -as	Шумо	[ʃumo]
eles, elas (inanim.)	онон	[onon]
eles, elas (anim.)	онхо, вайхо	[onho], [vajho]

2. Cumprimentos. Saudações

Oi!	Салом!	[salom]
Olá!	Ассалом!	[assalom]
Bom dia!	Субхатон ба хайр!	[subhaton ba χajr]
Boa tarde!	Рӯз ба хайр!	[rœz ba χajr]
Boa noite!	Шом ба хайр!	[ʃom ba χajr]
cumprimentar (vt)	саломалейк кардан	[salomalejk kardan]
Oi!	Ассалом! Салом!	[assalom salom]
saudação (f)	вохӯрди	[voχœrdi:]
saudar (vt)	вохӯрди кардан	[voχœrdi: kardan]
Como você está?	Корхоятон чй хел?	[korhojaton tʃi: χel]
Como vai?	Корхоят чй хел?	[korhojat tʃi: χel]
E aí, novidades?	Чй навигарй?	[tʃi: navigari:]
Tchau!	То дидан!	[to didan]
Até logo!	Хайр!	[χajr]
Até breve!	То вохӯрии наздик!	[to voχœri:i nazdik]
Adeus! (sing.)	Падруд!	[padrud]
Adeus! (pl)	Хайрбод! Падруд!	[χajrbod padrud]
despedir-se (dizer adeus)	падруд гуфтан	[padrud guftan]
Até mais!	Хайр!	[χajr]
Obrigado! -a!	Рахмат!	[rahmat]
Muito obrigado! -a!	Бисёр рахмат!	[bisjor rahmat]
De nada	Мархамат!	[marhamat]
Não tem de quê	Намеарзад	[namearzad]
Não foi nada!	Намеарзад	[namearzad]

Desculpa!	Бубахш!	[bubaχʃ]
Desculpe!	Бубахшед!	[bubaχʃed]
desculpar (vt)	афв кардан	[afv kardan]

desculpar-se (vr)	узр пурсидан	[uzr pursidan]
Me desculpe	Маро бубахшед	[maro bubaχʃed]
Desculpe!	Бубахшед!	[bubaχʃed]
perdoar (vt)	бахшидан	[baχʃidan]
Não faz mal	Ҳеч гап не	[hetʃ gap ne]
por favor	илтимос	[iltimos]

Não se esqueça!	Фаромӯш накунед!	[faromœʃ nakuned]
Com certeza!	Албатта!	[albatta]
Claro que não!	Албатта не!	[albatta ne]
Está bem! De acordo!	Розй!	[rozi:]
Chega!	Бас!	[bas]

3. Questões

Quem?	Кй?	[ki:]
O que?	Чй?	[tʃi:]
Onde?	Дар кучо?	[dar kudʒo]
Para onde?	Кучо?	[kudʒo]
De onde?	Аз кучо?	[az kudʒo]
Quando?	Кай?	[kaj]
Para quê?	Барои чй?	[baroi tʃi:]
Por quê?	Барои чй?	[baroi tʃi:]

Para quê?	Барои чй?	[baroi tʃi:]
Como?	Чй хел?	[tʃi: χel]
Qual (~ é o problema?)	Кадом?	[kadom]
Qual (~ deles?)	Чанд? Чандум?	[tʃand tʃandum]

A quem?	Ба кй?	[ba ki:]
De quem?	Дар бораи кй?	[dar borai ki:]
Do quê?	Дар бораи чй?	[dar borai tʃi:]
Com quem?	Бо кй?	[bo ki:]

Quantos? -as?	Чанд-то?	[tʃand-to]
Quanto?	Чй қадар?	[tʃi: qadar]
De quem (~ é isto?)	Аз они кй?	[az oni ki:]

4. Preposições

com (prep.)	бо, ҳамроҳи	[bo], [hamrohi]
sem (prep.)	бе	[be]
a, para (exprime lugar)	ба	[ba]
sobre (ex. falar ~)	дар бораи	[dar borai]
antes de ...	пеш аз	[peʃ az]
em frente de ...	дар пеши	[dar peʃi]
debaixo de ...	таги	[tagi]
sobre (em cima de)	дар болои	[dar boloi]

em ..., sobre ...	ба болои	[ba boloi]
de, do (sou ~ Rio de Janeiro)	аз	[az]
de (feito ~ pedra)	аз	[az]

em (~ 3 dias)	баъд аз	[ba'd az]
por cima de ...	аз болои ...	[az boloi]

5. Palavras funcionais. Advérbios. Parte 1

Onde?	Дар кучо?	[dar kudʒo]
aqui	ин чо	[in dʒo]
lá, ali	он чо	[on dʒo]

em algum lugar	дар кучое	[dar kudʒoe]
em lugar nenhum	дар хеч чо	[dar hedʒ dʒo]

perto de ...	дар назди ...	[dar nazdi]
perto da janela	дар назди тиреза	[dar nazdi tireza]

Para onde?	Кучо?	[kudʒo]
aqui	ин чо	[in tʃo]
para lá	ба он чо	[ba on dʒo]
daqui	аз ин чо	[az in dʒo]
de lá, dali	аз он чо	[az on dʒo]

perto	наздик	[nazdik]
longe	дур	[dur]

perto de ...	дар бари	[dar bari]
à mão, perto	бисёр наздик	[bisjɔr nazdik]
não fica longe	наздик	[nazdik]

esquerdo (adj)	чап	[tʃap]
à esquerda	аз чап	[az tʃap]
para a esquerda	ба тарафи чап	[ba tarafi tʃap]

direito (adj)	рост	[rost]
à direita	аз рост	[az rost]
para a direita	ба тарафи рост	[ba tarafi rost]

em frente	аз пеш	[az peʃ]
da frente	пешин	[peʃin]
adiante (para a frente)	ба пеш	[ba peʃ]

atrás de ...	дар қафои	[dar qafoi]
de trás	аз қафо	[az qafo]
para trás	ақиб	[aqib]

meio (m), metade (f)	миёна	[mijɔna]
no meio	дар миёна	[dar mijɔna]

do lado	аз паҳлу	[az pahlu]
em todo lugar	дар ҳар чо	[dar har dʒo]
por todos os lados	гирду атроф	[girdu atrof]

de dentro	аз дарун	[az darun]
para algum lugar	ба ким-кучо	[ba kim-kudʒo]
diretamente	миёнбур карда	[mijɔnbur karda]
de volta	ба ақиб	[ba aqib]

| de algum lugar | аз ягон чо | [az jagon dʒo] |
| de algum lugar | аз як чо | [az jak dʒo] |

em primeiro lugar	аввалан	[avvalan]
em segundo lugar	дуюм	[dujum]
em terceiro lugar	сеюм	[sejum]

de repente	ногоҳ, баногоҳ	[nogoh], [banogoh]
no início	дар аввал	[dar avval]
pela primeira vez	якумин	[jakumin]
muito antes de ...	хеле пеш	[χele peʃ]
de novo	аз нав	[az nav]
para sempre	тамоман	[tamoman]

nunca	ҳеҷ гоҳ	[hedʒ goh]
de novo	боз, аз дигар	[boz], [az digar]
agora	акнун	[aknun]
frequentemente	тез-тез	[tez-tez]
então	он вақт	[on vaqt]
urgentemente	зуд, фавран	[zud], [favran]
normalmente	одатан	[odatan]

a propósito, ...	воқеан	[voqean]
é possível	шояд	[ʃojad]
provavelmente	эҳтимол	[ɛhtimol]
talvez	эҳтимол, шояд	[ɛhtimol], [ʃojad]
além disso, ...	ғайр аз он	[ʁajr az on]
por isso ...	бинобар ин	[binobar in]
apesar de ...	ба ин нигоҳ накарда	[ba in nigoh nakarda]
graças a ...	ба туфайли ...	[ba tufajli]

que (pron.)	чй	[ʧi:]
que (conj.)	ки	[ki]
algo	чизе	[ʧize]

| alguma coisa | ягон чиз | [jagon ʧiz] |
| nada | ҳеҷ чиз | [hedʒ ʧiz] |

quem	кй	[ki:]
alguém (~ que ...)	ким-кй	[kim-ki:]
alguém (com ~)	касе	[kase]

| ninguém | ҳеҷ кас | [hedʒ kas] |
| para lugar nenhum | ба ҳеҷ кучо | [ba hedʒ kudʒo] |

| de ninguém | бесоҳиб | [besohib] |
| de alguém | аз они касе | [az oni kase] |

tão	чунон	[ʧunon]
também (gostaria ~ de ...)	ҳам	[ham]
também (~ eu)	низ, ҳам	[niz], [ham]

6. Palavras funcionais. Advérbios. Parte 2

Por quê?	Барои чй?	[baroi ʧi:]
por alguma razão	бо ким-кадом сабаб	[bo kim-kadom sabab]
porque …	зеро ки	[zero ki]
por qualquer razão	барои чизе	[baroi ʧize]

e (tu ~ eu)	ва, … у, … ю	[va], [u], [ju]
ou (ser ~ não ser)	ё	[jɔ]
mas (porém)	аммо, лекин	[ammo], [lekin]
para (~ a minha mãe)	барои	[baroi]

muito, demais	аз меъёр зиёд	[az me'jɔr zijɔd]
só, somente	фақат	[faqat]
exatamente	айнан	[ajnan]
cerca de (~ 10 kg)	тақрибан	[taqriban]

aproximadamente	тақрибан	[taqriban]
aproximado (adj)	тақрибй	[taqribi:]
quase	қариб	[qarib]
resto (m)	бокимонда	[boqimonda]

o outro (segundo)	дигар	[digar]
outro (adj)	дигар	[digar]
cada (adj)	ҳар	[har]
qualquer (adj)	ҳар	[har]
muito, muitos, muitas	бисёр, хеле	[bisjɔr], [xele]
muitas pessoas	бисёриҳо	[bisjoriho]
todos	ҳама	[hama]

em troca de …	ба ивази	[ba ivazi]
em troca	ба ивазаш	[ba ivazaʃ]
à mão	дастй	[dasti:]
pouco provável	ба гумон	[ba gumon]

provavelmente	эҳтимол, шояд	[ɛhtimol], [ʃojad]
de propósito	барқасд	[barqasd]
por acidente	тасодуфан	[tasodufan]

muito	хеле	[xele]
por exemplo	масалан, чунончи	[masalan], [ʧunonʧi]
entre	дар байни	[dar bajni]
entre (no meio de)	дар байни …	[dar bajni]
tanto	ин қадар	[in qadar]
especialmente	хусусан	[xususan]

NÚMEROS. DIVERSOS

7. Números cardinais. Parte 1

zero	сифр	[sifr]
um	як	[jak]
dois	ду	[du]
três	се	[se]
quatro	чор, чахор	[ʧor], [ʧahor]
cinco	панч	[pandʒ]
seis	шаш	[ʃaʃ]
sete	ҳафт	[haft]
oito	ҳашт	[haʃt]
nove	нуҳ	[nuh]
dez	даҳ	[dah]
onze	ёздаҳ	[jɔzdah]
doze	дувоздаҳ	[duvozdah]
treze	сездаҳ	[sezdah]
catorze	чордаҳ	[ʧordah]
quinze	понздаҳ	[ponzdah]
dezesseis	шонздаҳ	[ʃonzdah]
dezessete	ҳафдаҳ	[hafdah]
dezoito	ҳаждаҳ	[haʒdah]
dezenove	нуздаҳ	[nuzdah]
vinte	бист	[bist]
vinte e um	бисту як	[bistu jak]
vinte e dois	бисту ду	[bistu du]
vinte e três	бисту се	[bistu se]
trinta	сӣ	[si:]
trinta e um	сию як	[siju jak]
trinta e dois	сию ду	[siju du]
trinta e três	сию се	[siju se]
quarenta	чил	[ʧil]
quarenta e um	чилу як	[ʧilu jak]
quarenta e dois	чилу ду	[ʧilu du]
quarenta e três	чилу се	[ʧilu se]
cinquenta	панчоҳ	[pandʒoh]
cinquenta e um	панчоху як	[pandʒohu jak]
cinquenta e dois	панчоху ду	[pandʒohu du]
cinquenta e três	панчоху се	[pandʒohu se]
sessenta	шаст	[ʃast]
sessenta e um	шасту як	[ʃastu jak]

| sessenta e dois | шасту ду | [ʃastu du] |
| sessenta e três | шасту се | [ʃastu se] |

setenta	ҳафтод	[haftod]
setenta e um	ҳафтоду як	[haftodu jak]
setenta e dois	ҳафтоду ду	[haftodu du]
setenta e três	ҳафтоду се	[haftodu se]

oitenta	ҳаштод	[haʃtod]
oitenta e um	ҳаштоду як	[haʃtodu jak]
oitenta e dois	ҳаштоду ду	[haʃtodu du]
oitenta e três	ҳаштоду се	[haʃtodu se]

noventa	навад	[navad]
noventa e um	наваду як	[navadu jak]
noventa e dois	наваду ду	[navadu du]
noventa e três	наваду се	[navadu se]

8. Números cardinais. Parte 2

cem	сад	[sad]
duzentos	дусад	[dusad]
trezentos	сесад	[sesad]
quatrocentos	чорсад, чаҳорсад	[tʃorsad], [tʃahorsad]
quinhentos	панҷсад	[pandʒsad]

seiscentos	шашсад	[ʃaʃsad]
setecentos	ҳафтсад	[haftsad]
oitocentos	ҳаштсад	[haʃtsad]
novecentos	нӯҳсадум	[nœhsadum]

mil	ҳазор	[hazor]
dois mil	ду ҳазор	[du hazor]
três mil	се ҳазор	[se hazor]
dez mil	даҳ ҳазор	[dah hazor]
cem mil	сад ҳазор	[sad hazor]
um milhão	миллион	[million]
um bilhão	миллиард	[milliard]

9. Números ordinais

primeiro (adj)	якум	[jakum]
segundo (adj)	дуюм	[dujum]
terceiro (adj)	сеюм	[sejum]
quarto (adj)	чорум	[tʃorum]
quinto (adj)	панҷум	[pandʒum]

sexto (adj)	шашум	[ʃaʃum]
sétimo (adj)	ҳафтум	[haftum]
oitavo (adj)	ҳаштум	[haʃtum]
nono (adj)	нӯҳум	[nœhum]
décimo (adj)	даҳӯм	[dahœm]

CORES. UNIDADES DE MEDIDA

10. Cores

cor (f)	ранг	[rang]
tom (m)	тобиш	[tobiʃ]
tonalidade (m)	тобиш, лавн	[tobiʃ], [lavn]
arco-íris (m)	рангинкамон	[ranginkamon]
branco (adj)	сафед	[safed]
preto (adj)	сиёх	[sijoh]
cinza (adj)	адкан	[adkan]
verde (adj)	сабз, кабуд	[sabz], [kabud]
amarelo (adj)	зард	[zard]
vermelho (adj)	сурх, арғувонй	[surχ], [arʁuvoni:]
azul (adj)	кабуд	[kabud]
azul claro (adj)	осмонй	[osmoni:]
rosa (adj)	гулобй	[gulobi:]
laranja (adj)	норанчй	[norandʒi:]
violeta (adj)	бунафш	[bunafʃ]
marrom (adj)	қаҳвагй	[qahvagi:]
dourado (adj)	тиллоранг	[tillorang]
prateado (adj)	нуқрафом	[nuqrafom]
bege (adj)	каҳваранг	[kahvarang]
creme (adj)	зардтоб	[zardtob]
turquesa (adj)	фирӯзаранг	[firœzarang]
vermelho cereja (adj)	олуболугй	[olubolugi:]
lilás (adj)	бунафш, нофармон	[bunafʃ], [nofarmon]
carmim (adj)	сурхи сиехтоб	[surχi siehtob]
claro (adj)	кушод	[kuʃod]
escuro (adj)	торик	[torik]
vivo (adj)	тоза	[toza]
de cor	ранга	[ranga]
a cores	ранга	[ranga]
preto e branco (adj)	сиёху сафед	[sijohu safed]
unicolor (de uma só cor)	якранга	[jakranga]
multicolor (adj)	рангоранг	[rangorang]

11. Unidades de medida

peso (m)	вазн	[vazn]
comprimento (m)	дарозй	[darozi:]

largura (f)	арз	[arz]
altura (f)	баландй	[balandi:]
profundidade (f)	чуқурй	[ʧuquri:]
volume (m)	ҳачм	[hadʒm]
área (f)	масоҳат	[masohat]

grama (m)	грам	[gram]
miligrama (m)	миллиграмм	[milligramm]
quilograma (m)	килограмм	[kilogramm]
tonelada (f)	тонна	[tonna]
libra (453,6 gramas)	қадоқ	[qadoq]
onça (f)	вақия	[vaqija]

metro (m)	метр	[metr]
milímetro (m)	миллиметр	[millimetr]
centímetro (m)	сантиметр	[santimetr]
quilômetro (m)	километр	[kilometr]
milha (f)	мил	[mil]

| pé (304,74 mm) | фут | [fut] |
| jarda (914,383 mm) | ярд | [jard] |

| metro (m) quadrado | метри квадратй | [metri kvadrati:] |
| hectare (m) | гектар | [gektar] |

litro (m)	литр	[litr]
grau (m)	дарача	[daradʒa]
volt (m)	волт	[volt]
ampère (m)	ампер	[amper]
cavalo (m) de potência	қувваи асп	[quvvai asp]

quantidade (f)	миқдор	[miqdor]
um pouco de ...	камтар	[kamtar]
metade (f)	нисф	[nisf]
peça (f)	дона	[dona]

| tamanho (m), dimensão (f) | ҳачм | [hadʒm] |
| escala (f) | масштаб | [masʃtab] |

mínimo (adj)	камтарин	[kamtarin]
menor, mais pequeno	хурдтарин	[xurdtarin]
médio (adj)	миёна	[mijona]
máximo (adj)	нихоят калон	[nihojat kalon]
maior, mais grande	калонтарин	[kalontarin]

12. Recipientes

pote (m) de vidro	банкаи шишагй	[bankai ʃiʃagi:]
lata (~ de cerveja)	банкаи тунукагй	[bankai tunukagi:]
balde (m)	сатил	[satil]
barril (m)	бочка, чалак	[boʧka], [ʧalak]

| bacia (~ de plástico) | тағора | [taʁora] |
| tanque (m) | бак, чалак | [bak], [ʧalak] |

cantil (m) de bolso	обдон	[obdon]
galão (m) de gasolina	канистра	[kanistra]
cisterna (f)	систерна	[sisterna]

caneca (f)	кружка, дӯлча	[kruʒka], [dœltʃa]
xícara (f)	косача	[kosatʃa]
pires (m)	тақсимӣ, тақсимича	[taqsimi:], [taqsimitʃa]
copo (m)	стакан	[stakan]
taça (f) de vinho	бокал	[bokal]
panela (f)	дегча	[degtʃa]

garrafa (f)	шиша, сурохӣ	[ʃiʃa], [surohi:]
gargalo (m)	даҳани шиша	[dahani ʃiʃa]

jarra (f)	сурохӣ	[surohi:]
jarro (m)	кӯза	[kœza]
recipiente (m)	зарф	[zarf]
pote (m)	хурмача	[χurmatʃa]
vaso (m)	гулдон	[guldon]

frasco (~ de perfume)	шиша	[ʃiʃa]
frasquinho (m)	ҳубобча	[hubobtʃa]
tubo (m)	лӯлача	[lœlatʃa]

saco (ex. ~ de açúcar)	халта	[χalta]
sacola (~ plastica)	халта	[χalta]
maço (de cigarros, etc.)	қуттӣ	[qutti:]

caixa (~ de sapatos, etc.)	қуттӣ	[qutti:]
caixote (~ de madeira)	қуттӣ	[qutti:]
cesto (m)	сабад	[sabad]

VERBOS PRINCIPAIS

13. Os verbos mais importantes. Parte 1

abrir (vt)	кушодан	[kuʃodan]
acabar, terminar (vt)	тамом кардан	[tamom kardan]
aconselhar (vt)	маслиҳат додан	[maslihat dodan]
adivinhar (vt)	ёфтан	[jɔftan]
advertir (vt)	танбеҳ додан	[tanbeh dodan]
ajudar (vt)	кумак кардан	[kumak kardan]
almoçar (vi)	хӯроки пешин хӯрдан	[χœroki peʃin χœrdan]
alugar (~ um apartamento)	ба иҷора гирифтан	[ba idʒora giriftan]
amar (pessoa)	дӯст доштан	[dœst doʃtan]
ameaçar (vt)	дӯғ задан	[dœʁ zadan]
anotar (escrever)	навиштан	[naviʃtan]
apressar-se (vr)	шитоб кардан	[ʃitob kardan]
arrepender-se (vr)	таассуф хӯрдан	[taassuf χœrdan]
assinar (vt)	имзо кардан	[imzo kardan]
brincar (vi)	шӯхӣ кардан	[ʃœχi: kardan]
brincar, jogar (vi, vt)	бозӣ кардан	[bozi: kardan]
buscar (vt)	ҷустан	[dʒustan]
caçar (vi)	шикор кардан	[ʃikor kardan]
cair (vi)	афтодан	[aftodan]
cavar (vt)	кофтан	[koftan]
chamar (~ por socorro)	чеғ задан	[dʒeʁ zadan]
chegar (vi)	расидан	[rasidan]
chorar (vi)	гиря кардан	[girja kardan]
começar (vt)	сар кардан	[sar kardan]
comparar (vt)	муқоиса кардан	[muqoisa kardan]
concordar (dizer "sim")	розигӣ додан	[rozigi: dodan]
confiar (vt)	бовар кардан	[bovar kardan]
confundir (equivocar-se)	иштибоҳ кардан	[iʃtiboh kardan]
conhecer (vt)	донистан	[donistan]
contar (fazer contas)	ҳисоб кардан	[hisob kardan]
contar com …	умед бастан	[umed bastan]
continuar (vt)	давомат кардан	[davomat kardan]
controlar (vt)	назорат кардан	[nazorat kardan]
convidar (vt)	даъват кардан	[da'vat kardan]
correr (vi)	давидан	[davidan]
criar (vt)	офаридан	[ofaridan]
custar (vt)	арзидан	[arzidan]

14. Os verbos mais importantes. Parte 2

dar (vt)	додан	[dodan]
dar uma dica	луқма додан	[luqma dodan]
decorar (enfeitar)	оростан	[orostan]
defender (vt)	муҳофиза кардан	[muhofiza kardan]
deixar cair (vt)	афтондан	[aftondan]
descer (para baixo)	фуромадан	[furomadan]
desculpar (vt)	афв кардан	[afv kardan]
desculpar-se (vr)	узр пурсидан	[uzr pursidan]
dirigir (~ uma empresa)	сардорӣ кардан	[sardori: kardan]
discutir (notícias, etc.)	муҳокима кардан	[muhokima kardan]
disparar, atirar (vi)	тир задан	[tir zadan]
dizer (vt)	гуфтан	[guftan]
duvidar (vt)	шак доштан	[ʃak doʃtan]
encontrar (achar)	ёфтан	[jɔftan]
enganar (vt)	фирефтан	[fireftan]
entender (vt)	фаҳмидан	[fahmidan]
entrar (na sala, etc.)	даромадан	[daromadan]
enviar (uma carta)	ирсол кардан	[irsol kardan]
errar (enganar-se)	хато кардан	[χato kardan]
escolher (vt)	интихоб кардан	[intiχob kardan]
esconder (vt)	пинҳон кардан	[pinhon kardan]
escrever (vt)	навиштан	[naviʃtan]
esperar (aguardar)	поидан	[poidan]
esperar (ter esperança)	умед доштан	[umed doʃtan]
esquecer (vt)	фаромӯш кардан	[faromœʃ kardan]
estudar (vt)	омӯхтан	[omœχtan]
exigir (vt)	талаб кардан	[talab kardan]
existir (vi)	зиндагӣ кардан	[zindagi: kardan]
explicar (vt)	шарҳ додан	[ʃarh dodan]
falar (vi)	гап задан	[gap zadan]
faltar (a la escuela, etc.)	набудан	[nabudan]
fazer (vt)	кардан	[kardan]
ficar em silêncio	хомӯш будан	[χomœʃ budan]
gabar-se (vr)	худситой кардан	[χudsitoi: kardan]
gostar (apreciar)	форидан	[foridan]
gritar (vi)	дод задан	[dod zadan]
guardar (fotos, etc.)	нигоҳ доштан	[nigoh doʃtan]
informar (vt)	ахборот додан	[aχborot dodan]
insistir (vi)	сахт истодан	[saχt istodan]
insultar (vt)	таҳқир кардан	[tahqir kardan]
interessar-se (vr)	ҳавас кардан	[havas kardan]
ir (a pé)	рафтан	[raftan]
ir nadar	оббозӣ кардан	[obbozi: kardan]
jantar (vi)	хӯроки шом хӯрдан	[χœroki ʃom χœrdan]

15. Os verbos mais importantes. Parte 3

ler (vt)	хондан	[xondan]
libertar, liberar (vt)	озод кардан	[ozod kardan]
matar (vt)	куштан	[kuʃtan]
mencionar (vt)	гуфта гузаштан	[gufta guzaʃtan]
mostrar (vt)	нишон додан	[niʃon dodan]
mudar (modificar)	иваз кардан	[ivaz kardan]
nadar (vi)	шино кардан	[ʃino kardan]
negar-se a … (vr)	рад кардан	[rad kardan]
objetar (vt)	зид баромадан	[zid baromadan]
observar (vt)	назорат кардан	[nazorat kardan]
ordenar (mil.)	фармон додан	[farmon dodan]
ouvir (vt)	шунидан	[ʃunidan]
pagar (vt)	пул додан	[pul dodan]
parar (vi)	истодан	[istodan]
parar, cessar (vt)	бас кардан	[bas kardan]
participar (vi)	иштирок кардан	[iʃtirok kardan]
pedir (comida, etc.)	супоридан	[suporidan]
pedir (um favor, etc.)	пурсидан	[pursidan]
pegar (tomar)	гирифтан	[giriftan]
pegar (uma bola)	доштан	[doʃtan]
pensar (vi, vt)	фикр кардан	[fikr kardan]
perceber (ver)	дида мондан	[dida mondan]
perdoar (vt)	бахшидан	[baxʃidan]
perguntar (vt)	пурсидан	[pursidan]
permitir (vt)	иҷозат додан	[idʒozat dodan]
pertencer a … (vi)	таалуқ доштан	[taaluq doʃtan]
planejar (vt)	нақша кашидан	[naqʃa kaʃidan]
poder (~ fazer algo)	тавонистан	[tavonistan]
possuir (uma casa, etc.)	соҳиб будан	[sohib budan]
preferir (vt)	бехтар донистан	[bextar donistan]
preparar (vt)	пухтан	[puxtan]
prever (vt)	пешбинӣ кардан	[peʃbini: kardan]
prometer (vt)	ваъда додан	[va'da dodan]
pronunciar (vt)	талаффуз кардан	[talaffuz kardan]
propor (vt)	таклиф кардан	[taklif kardan]
punir (castigar)	ҷазо додан	[dʒazo dodan]
quebrar (vt)	шикастан	[ʃikastan]
queixar-se de …	шикоят кардан	[ʃikojat kardan]
querer (desejar)	хостан	[xostan]

16. Os verbos mais importantes. Parte 4

ralhar, repreender (vt)	дашном додан	[daʃnom dodan]
recomendar (vt)	маслиҳат додан	[maslihat dodan]

repetir (dizer outra vez)	такрор кардан	[takror kardan]
reservar (~ um quarto)	нигоҳ доштан	[nigoh doʃtan]
responder (vt)	ҷавоб додан	[dʒavob dodan]
rezar, orar (vi)	намоз хондан	[namoz χondan]
rir (vi)	хандидан	[χandidan]
roubar (vt)	дуздидан	[duzdidan]
saber (vt)	донистан	[donistan]
sair (~ de casa)	баромадан	[baromadan]
salvar (resgatar)	наҷот додан	[nadʒot dodan]
seguir (~ alguém)	рафтан	[raftan]
sentar-se (vr)	нишастан	[niʃastan]
ser necessário	даркор будан	[darkor budan]
ser, estar	будан	[budan]
significar (vt)	маъно доштан	[ma'no doʃtan]
sorrir (vi)	табассум кардан	[tabassum kardan]
subestimar (vt)	хунукназарӣ кардан	[χunuknazari: kardan]
surpreender-se (vr)	ба ҳайрат афтодан	[ba hajrat aftodan]
tentar (~ fazer)	озмоиш кардан	[ozmoiʃ kardan]
ter (vt)	доштан	[doʃtan]
ter fome	хӯрок хостан	[χœrok χostan]
ter medo	тарсидан	[tarsidan]
ter sede	об хостан	[ob χostan]
tocar (com as mãos)	даст расондан	[dast rasondan]
tomar café da manhã	ноништа кардан	[noniʃta kardan]
trabalhar (vi)	кор кардан	[kor kardan]
traduzir (vt)	тарҷума кардан	[tardʒuma kardan]
unir (vt)	якчоя кардан	[jakdʒoja kardan]
vender (vt)	фурӯхтан	[furœχtan]
ver (vt)	дидан	[didan]
virar (~ para a direita)	гардонидан	[gardonidan]
voar (vi)	паридан	[paridan]

TEMPO. CALENDÁRIO

17. Dias da semana

segunda-feira (f)	душанбе	[duʃanbe]
terça-feira (f)	сешанбе	[seʃanbe]
quarta-feira (f)	чоршанбе	[ʧorʃanbe]
quinta-feira (f)	панчшанбе	[panʤʃanbe]
sexta-feira (f)	чумъа	[ʤum'a]
sábado (m)	шанбе	[ʃanbe]
domingo (m)	якшанбе	[jakʃanbe]

hoje	имрӯз	[imrœz]
amanhã	пагоҳ, фардо	[pagoh], [fardo]
depois de amanhã	пасфардо	[pasfardo]
ontem	дирӯз, дина	[dirœz], [dina]
anteontem	парирӯз	[parirœz]

dia (m)	рӯз	[rœz]
dia (m) de trabalho	рӯзи кор	[rœzi kor]
feriado (m)	рӯзи ид	[rœzi id]
dia (m) de folga	рӯзи истироҳат	[rœzi istirohat]
fim (m) de semana	рӯзҳои истироҳат	[rœzhoi istirohat]

o dia todo	тамоми рӯз	[tamomi rœz]
no dia seguinte	рӯзи дигар	[rœzi digar]
há dois dias	ду рӯз пеш	[du rœz peʃ]
na véspera	як рӯз пеш	[jak rœz peʃ]
diário (adj)	ҳаррӯза	[harrœza]
todos os dias	ҳар рӯз	[har rœz]

semana (f)	ҳафта	[hafta]
na semana passada	ҳафтаи гузашта	[haftai guzaʃta]
semana que vem	ҳафтаи оянда	[haftai ojanda]
semanal (adj)	ҳафтаина	[haftaina]
toda semana	ҳар ҳафта	[har hafta]
duas vezes por semana	ҳафтае ду маротиба	[haftae du marotiba]
toda terça-feira	ҳар сешанбе	[har seʃanbe]

18. Horas. Dia e noite

manhã (f)	пагоҳӣ	[pagohi:]
de manhã	пагоҳирӯзӣ	[pagohirœzi:]
meio-dia (m)	нисфи рӯз	[nisfi rœz]
à tarde	баъди пешин	[ba'di peʃin]

tardinha (f)	бегоҳ, бегоҳирӯз	[begoh], [begohirœz]
à tardinha	бегоҳӣ, бегоҳирӯзӣ	[begohi:], [begohirœzi:]

noite (f)	шаб	[ʃab]
à noite	шабона	[ʃabona]
meia-noite (f)	нисфи шаб	[nisfi ʃab]

segundo (m)	сония	[sonija]
minuto (m)	дақиқа	[daqiqa]
hora (f)	соат	[soat]
meia hora (f)	нимсоат	[nimsoat]
quarto (m) de hora	чоряки соат	[tʃorjaki soat]
quinze minutos	понздаҳ дақиқа	[ponzdah daqiqa]
vinte e quatro horas	шабонарӯз	[ʃabonarœz]

nascer (m) do sol	тулӯъ	[tulœ']
amanhecer (m)	субҳидам	[subhidam]
madrugada (f)	субҳи барвақт	[subhi barvaqt]
pôr-do-sol (m)	ғуруби офтоб	[ʁurubi oftob]

de madrugada	субҳи барвақт	[subhi barvaqt]
esta manhã	имрӯз пагоҳӣ	[imrœz pagohi:]
amanhã de manhã	пагоҳ саҳарӣ	[pagoh sahari:]

esta tarde	имрӯз	[imrœz]
à tarde	баъди пешин	[ba'di peʃin]
amanhã à tarde	пагоҳ баъди пешин	[pagoh ba'di peʃin]

esta noite, hoje à noite	ҳамин бегоҳ	[hamin begoh]
amanhã à noite	фардо бегоҳӣ	[fardo begohi:]

às três horas em ponto	расо соати се	[raso soati se]
por volta das quatro	наздикии соати чор	[nazdiki:i soati tʃor]
às doze	соатҳои дувоздаҳ	[soathoi duvozdah]

em vinte minutos	баъд аз бист дақиқа	[ba'd az bist daqiqa]
em uma hora	баъд аз як соат	[ba'd az jak soat]
a tempo	дар вақташ	[dar vaqtaʃ]

... um quarto para	понздаҳто кам	[ponzdahto kam]
dentro de uma hora	дар давоми як соат	[dar davomi jak soat]
a cada quinze minutos	ҳар понздаҳ дақиқа	[har ponzdah daqiqa]
as vinte e quatro horas	шабу рӯз	[ʃabu rœz]

19. Meses. Estações

janeiro (m)	январ	[janvar]
fevereiro (m)	феврал	[fevral]
março (m)	март	[mart]
abril (m)	апрел	[aprel]
maio (m)	май	[maj]
junho (m)	июн	[ijun]

julho (m)	июл	[ijul]
agosto (m)	август	[avgust]
setembro (m)	сентябр	[sentjabr]
outubro (m)	октябр	[oktjabr]

novembro (m)	ноябр	[nojabr]
dezembro (m)	декабр	[dekabr]
primavera (f)	баҳор, баҳорон	[bahor], [bahoron]
na primavera	дар фасли баҳор	[dar fasli bahor]
primaveril (adj)	баҳорй	[bahori:]
verão (m)	тобистон	[tobiston]
no verão	дар тобистон	[dar tobiston]
de verão	тобистона	[tobistona]
outono (m)	тирамоҳ	[tiramoh]
no outono	дар тирамоҳ	[dar tiramoh]
outonal (adj)	... и тирамоҳ	[i tiramoh]
inverno (m)	зимистон	[zimiston]
no inverno	дар зимистон	[dar zimiston]
de inverno	зимистонй, ... и зимистон	[zimistoni:], [i zimiston]
mês (m)	моҳ	[moh]
este mês	ҳамин моҳ	[hamin moh]
mês que vem	дар моҳи оянда	[dar mohi ojanda]
no mês passado	дар моҳи гузашта	[dar mohi guzaʃta]
um mês atrás	як моҳ пеш	[jak moh peʃ]
em um mês	баъд аз як моҳ	[ba'd az jak moh]
em dois meses	баъд аз ду моҳ	[ba'd az du moh]
todo o mês	тамоми моҳ	[tamomi moh]
um mês inteiro	тамоми моҳ	[tamomi moh]
mensal (adj)	ҳармоҳа	[harmoha]
mensalmente	ҳар моҳ	[har moh]
todo mês	ҳар моҳ	[har moh]
duas vezes por mês	ду маротиба дар як моҳ	[du marotiba dar jak moh]
ano (m)	сол	[sol]
este ano	ҳамин сол	[hamin sol]
ano que vem	соли оянда	[soli ojanda]
no ano passado	соли гузашта	[soli guzaʃta]
há um ano	як сол пеш	[jak sol peʃ]
em um ano	баъд аз як сол	[ba'd az jak sol]
dentro de dois anos	баъд аз ду сол	[ba'd az du sol]
todo o ano	тамоми сол	[tamomi sol]
um ano inteiro	як соли пурра	[jak soli purra]
cada ano	ҳар сол	[har sol]
anual (adj)	ҳарсола	[harsola]
anualmente	ҳар сол	[har sol]
quatro vezes por ano	чор маротиба дар як сол	[tʃor marotiba dar jak sol]
data (~ de hoje)	таърих, рӯз	[ta'riχ], [rœz]
data (ex. ~ de nascimento)	сана	[sana]
calendário (m)	тақвим, солнома	[taqvim], [solnoma]
meio ano	ним сол	[nim sol]
seis meses	нимсола	[nimsola]

| estação (f) | фасл | [fasl] |
| século (m) | аср | [asr] |

VIAGENS. HOTEL

20. Viagens

turismo (m)	туризм, саёхат	[turizm], [sajɔχat]
turista (m)	саёхатчй	[sajɔhattʃi:]
viagem (f)	саёхат	[sajɔhat]
aventura (f)	саргузашт	[sarguzaʃt]
percurso (curta viagem)	сафар	[safar]

férias (f pl)	рухсатй	[ruχsati:]
estar de férias	дар рухсатй будан	[dar ruχsati: budan]
descanso (m)	истирохат	[istirohat]

trem (m)	поезд, қатор	[poezd], [qator]
de trem (chegar ~)	бо қатора	[bo qatora]
avião (m)	ҳавопаймо	[havopajmo]
de avião	бо ҳавопаймо	[bo havopajmo]
de carro	бо мошин	[bo moʃin]
de navio	бо киштй	[bo kiʃti:]

bagagem (f)	бағоч, бор	[baʁɔdʒ], [bor]
mala (f)	чомадон	[dʒomadon]
carrinho (m)	аробаи боғочкашй	[arobai boʁotʃkaʃi:]

passaporte (m)	шиноснома	[ʃinosnoma]
visto (m)	виза	[viza]
passagem (f)	билет	[bilet]
passagem (f) aérea	чиптаи ҳавопаймо	[tʃiptai havopajmo]

guia (m) de viagem	роҳнома	[rohnoma]
mapa (m)	харита	[χarita]
área (f)	чой, маҳал	[dʒoj], [mahal]
lugar (m)	чой	[dʒoj]

exotismo (m)	ғароибот	[ʁaroibot]
exótico (adj)	... и ғароиб	[i ʁaroib]
surpreendente (adj)	ҳайратангез	[hajratangez]

grupo (m)	гурӯҳ	[gurœh]
excursão (f)	экскурсия, саёхат	[ɛkskursija], [sajɔhat]
guia (m)	роҳбари экскурсия	[rohbari ɛkskursija]

21. Hotel

hotel (m)	меҳмонхона	[mehmonχona]
motel (m)	меҳмонхона	[mehmonχona]
três estrelas	се ситорадор	[se sitorador]

cinco estrelas	панҷ ситорадор	[pandʒ sitorador]
ficar (vi, vt)	фуромадан	[furomadan]

quarto (m)	хуҷра	[hudʒra]
quarto (m) individual	хуҷраи якнафара	[hudʒrai jaknafara]
quarto (m) duplo	хуҷраи дунафара	[hudʒrai dunafara]
reservar um quarto	банд кардани хуҷра	[band kardani hudʒra]

meia pensão (f)	бо нимтаъминот	[bo nimta'minot]
pensão (f) completa	бо таъминоти пурра	[bo ta'minoti purra]

com banheira	ваннадор	[vannador]
com chuveiro	душдор	[duʃdor]
televisão (m) por satélite	телевизиони спутникӣ	[televizioni sputniki:]
ar (m) condicionado	кондитсионер	[konditsioner]
toalha (f)	сачоқ	[satʃoq]
chave (f)	калид	[kalid]

administrador (m)	маъмур, мудир	[ma'mur], [mudir]
camareira (f)	пешхизмат	[peʃxizmat]
bagageiro (m)	ҳаммол	[hammol]
porteiro (m)	дарбони меҳмонхона	[darboni mehmonxona]

restaurante (m)	тарабхона	[tarabxona]
bar (m)	бар	[bar]
café (m) da manhã	ноништа	[noniʃta]
jantar (m)	шом	[ʃom]
bufê (m)	мизи шведӣ	[mizi ʃvedi:]

saguão (m)	миёнсарой	[mijɔnsaroj]
elevador (m)	лифт	[lift]

NÃO PERTURBE	ХАЛАЛ НАРАСОНЕД	[xalal narasoned]
PROIBIDO FUMAR!	ТАМОКУ НАКАШЕД!	[tamoku nakaʃed]

22. Turismo

monumento (m)	ҳайкал	[hajkal]
fortaleza (f)	ҳисор	[hisor]
palácio (m)	қаср	[qasr]
castelo (m)	кӯшк	[kœʃk]
torre (f)	манора, бурҷ	[manora], [burdʒ]
mausoléu (m)	мавзолей, мақбара	[mavzolej], [maqbara]

arquitetura (f)	меъморӣ	[me'mori:]
medieval (adj)	асримиёнагӣ	[asrimijɔnagi:]
antigo (adj)	қадим	[qadim]
nacional (adj)	миллӣ	[milli:]
famoso, conhecido (adj)	маъруф	[ma'ruf]

turista (m)	саёҳатчӣ	[sajɔhattʃi:]
guia (pessoa)	роҳбалад	[rohbalad]
excursão (f)	экскурсия	[ɛkskursija]
mostrar (vt)	нишон додан	[niʃon dodan]

contar (vt)	нақл кардан	[naql kardan]
encontrar (vt)	ёфтан	[joftan]
perder-se (vr)	роҳ гум кардан	[roh gum kardan]
mapa (~ do metrô)	накша	[nakʃa]
mapa (~ da cidade)	нақша	[naqʃa]

lembrança (f), presente (m)	тӯхфа	[tœhfa]
loja (f) de presentes	мағозаи тухфахо	[maʁozai tuhfaho]
tirar fotos, fotografar	сурат гирифтан	[surat giriftan]
fotografar-se (vr)	сурати худро гирондан	[surati χudro girondan]

TRANSPORTES

23. Aeroporto

aeroporto (m)	аэропорт	[aɛroport]
avião (m)	ҳавопаймо	[havopajmo]
companhia (f) aérea	ширкати ҳавопаймой	[ʃirkati havopajmoi:]
controlador (m) de tráfego aéreo	диспечер	[dispetʃer]

partida (f)	парвоз	[parvoz]
chegada (f)	парида омадан	[parida omadan]
chegar (vi)	парида омадан	[parida omadan]

hora (f) de partida	вақти паридан	[vaqti paridan]
hora (f) de chegada	вақти шиштан	[vaqti ʃiʃtan]

estar atrasado	боздоштан	[bozdoʃtan]
atraso (m) de voo	боздоштани парвоз	[bozdoʃtani parvoz]

painel (m) de informação	тахтаи ахборот	[taχtai aχborot]
informação (f)	ахборот	[aχborot]
anunciar (vt)	эълон кардан	[ɛ'lon kardan]
voo (m)	сафар, рейс	[safar], [rejs]

alfândega (f)	гумрукхона	[gumrukχona]
funcionário (m) da alfândega	гумрукчй	[gumruktʃi:]

declaração (f) alfandegária	декларатсияи гумрукй	[deklaratsijai gumruki:]
preencher (vt)	пур кардан	[pur kardan]
preencher a declaração	пур кардани декларатсия	[pur kardani deklaratsija]
controle (m) de passaporte	назорати шиносънома	[nazorati ʃinosnoma]

bagagem (f)	багоч, бор	[baʁodʒ], [bor]
bagagem (f) de mão	бори дастй	[bori dasti:]
carrinho (m)	аробаи боғочкашй	[arobai boʁotʃkaʃi:]

pouso (m)	фуруд	[furud]
pista (f) de pouso	хати нишаст	[χati niʃast]
aterrissar (vi)	нишастан	[niʃastan]
escada (f) de avião	зинапояи киштй	[zinapojai kiʃti:]

check-in (m)	бақайдгирй	[baqajdgiri:]
balcão (m) do check-in	қатори бақайдгирй	[qatori baqajdgiri:]
fazer o check-in	қайд кунондан	[qajd kunondan]
cartão (m) de embarque	талони саворшавй	[taloni savorʃavi:]
portão (m) de embarque	баромадан	[baromadan]

trânsito (m)	транзит	[tranzit]
esperar (vi, vt)	поидан	[poidan]

sala (f) de espera	толори интизорӣ	[tolori intizori:]
despedir-se (acompanhar)	гусел кардан	[gusel kardan]
despedir-se (dizer adeus)	падруд гуфтан	[padrud guftan]

24. Avião

avião (m)	ҳавопаймо	[havopajmo]
passagem (f) aérea	чиптаи ҳавопаймо	[ʧiptai havopajmo]
companhia (f) aérea	ширкати ҳавопаймой	[ʃirkati havopajmoi:]
aeroporto (m)	аэропорт	[aɛroport]
supersônico (adj)	фавқуссадо	[favqussado]

comandante (m) do avião	фармондеҳи киштӣ	[farmondehi kiʃti:]
tripulação (f)	экипаж	[ɛkipaʒ]
piloto (m)	сарнишин	[sarniʃin]
aeromoça (f)	стюардесса	[stjuardessa]
copiloto (m)	штурман	[ʃturman]

asas (f pl)	қанот	[qanot]
cauda (f)	дум	[dum]
cabine (f)	кабина	[kabina]
motor (m)	муҳаррик	[muharrik]

| trem (m) de pouso | шассӣ | [ʃassi:] |
| turbina (f) | турбина | [turbina] |

| hélice (f) | пропеллер | [propeller] |
| caixa-preta (f) | қуттии сиёҳ | [qutti:i sijɔh] |

| coluna (f) de controle | суккон | [sukkon] |
| combustível (m) | сӯзишворӣ | [sœziʃvori:] |

instruções (f pl) de segurança	дастурамали бехатарӣ	[dasturamali beχatari:]
máscara (f) de oxigênio	ниқоби ҳавои тоза	[niqobi havoi toza]
uniforme (m)	либоси расмӣ	[libosi rasmi:]

| colete (m) salva-vidas | камзӯли наҷотдиҳанда | [kamzœli naʤotdihanda] |
| paraquedas (m) | парашют | [paraʃjut] |

decolagem (f)	парвоз	[parvoz]
descolar (vi)	парвоз кардан	[parvoz kardan]
pista (f) de decolagem	хати парвоз	[χati parvoz]

| visibilidade (f) | софии ҳаво | [sofi:i havo] |
| voo (m) | парвоз | [parvoz] |

| altura (f) | баландӣ | [balandi:] |
| poço (m) de ar | чоҳи ҳаво | [ʧohi havo] |

assento (m)	ҷой	[ʤoj]
fone (m) de ouvido	гӯшак, гӯшпӯшак	[gœʃak], [gœʃpœʃak]
mesa (f) retrátil	мизчаи вошаванда	[miztʃai voʃavanda]
janela (f)	иллюминатор	[illjuminator]
corredor (m)	гузаргоҳ	[guzargoh]

25. Comboio

trem (m)	поезд, қатор	[poezd], [qator]
trem (m) elétrico	қатораи барқӣ	[qatorai barqi:]
trem (m)	қатораи тезгард	[qatorai tezgard]
locomotiva (f) diesel	тепловоз	[teplovoz]
locomotiva (f) a vapor	паровоз	[parovoz]
vagão (f) de passageiros	вагон	[vagon]
vagão-restaurante (m)	вагон-ресторан	[vagon-restoran]
carris (m pl)	релсхо	[relsho]
estrada (f) de ferro	роҳи оҳан	[rohi ohan]
travessa (f)	шпала	[ʃpala]
plataforma (f)	платформа	[platforma]
linha (f)	роҳ	[roh]
semáforo (m)	семафор	[semafor]
estação (f)	истгоҳ	[istgoh]
maquinista (m)	мошинист	[moʃinist]
bagageiro (m)	ҳаммол	[hammol]
hospedeiro, -a (m, f)	роҳбалад	[rohbalad]
passageiro (m)	мусофир	[musofir]
revisor (m)	нозир	[nozir]
corredor (m)	коридор	[koridor]
freio (m) de emergência	стоп-кран	[stop-kran]
compartimento (m)	купе	[kupe]
cama (f)	кат	[kat]
cama (f) de cima	кати боло	[kati bolo]
cama (f) de baixo	кати поён	[kati pojon]
roupa (f) de cama	чилдҳои болишту бистар	[dʒildhoi boliʃtu bistar]
passagem (f)	билет	[bilet]
horário (m)	чадвал	[dʒadval]
painel (m) de informação	чадвал	[dʒadval]
partir (vt)	дур шудан	[dur ʃudan]
partida (f)	равон кардан	[ravon kardan]
chegar (vi)	омадан	[omadan]
chegada (f)	омадан	[omadan]
chegar de trem	бо қатора омадан	[bo qatora omadan]
pegar o trem	ба қатора нишастан	[ba qatora niʃastan]
descer de trem	фаромадан	[faromadan]
acidente (m) ferroviário	садама	[sadama]
descarrilar (vi)	аз релс баромадан	[az rels baromadan]
locomotiva (f) a vapor	паровоз	[parovoz]
foguista (m)	алавмон	[alavmon]
fornalha (f)	оташдон	[otaʃdon]
carvão (m)	ангишт	[angiʃt]

26. Barco

| navio (m) | кишти | [kiʃti:] |
| embarcação (f) | кишти | [kiʃti:] |

barco (m) a vapor	пароход	[paroχod]
barco (m) fluvial	теплоход	[teploχod]
transatlântico (m)	лайнер	[lajner]
cruzeiro (m)	крейсер	[krejser]

iate (m)	яхта	[jaχta]
rebocador (m)	таноби ядак	[tanobi jadak]
barcaça (f)	баржа	[barʒa]
ferry (m)	паром	[parom]

| veleiro (m) | киштии бодбондор | [kiʃti:i bodbondor] |
| bergantim (m) | бригантина | [brigantina] |

| quebra-gelo (m) | киштии яхшикан | [kiʃti:i jaχʃikan] |
| submarino (m) | киштии зериобй | [kiʃti:i zeriobi:] |

bote, barco (m)	қаиқ	[qaiq]
baleeira (bote salva-vidas)	қаиқ	[qaiq]
bote (m) salva-vidas	заврақи начот	[zavraqi nadʒot]
lancha (f)	катер	[kater]

capitão (m)	капитан	[kapitan]
marinheiro (m)	бахрчй, маллох	[bahrtʃi:], [malloh]
marujo (m)	бахрчй	[bahrtʃi:]
tripulação (f)	экипаж	[ɛkipaʒ]

contramestre (m)	ботсман	[botsman]
grumete (m)	маллохбача	[mallohbatʃa]
cozinheiro (m) de bordo	кок, ошпази кишти	[kok], [oʃpazi kiʃti:]
médico (m) de bordo	духтури кишти	[duχturi kiʃti:]

convés (m)	сахни кишти	[sahni kiʃti:]
mastro (m)	сутуни кишти	[sutuni kiʃti:]
vela (f)	бодбон	[bodbon]

porão (m)	таххонаи кишти	[tahχonai kiʃti:]
proa (f)	сари кишти	[sari kiʃti]
popa (f)	думи кишти	[dumi kiʃti:]
remo (m)	бели завраκ	[beli zavraq]
hélice (f)	винт	[vint]

cabine (m)	каюта	[kajuta]
sala (f) dos oficiais	кают-компания	[kajut-kompanija]
sala (f) das máquinas	шӯъбаи мошинхо	[ʃœ'bai moʃinho]
ponte (m) de comando	арша	[arʃa]
sala (f) de comunicações	радиохона	[radioχona]
onda (f)	мавч	[mavdʒ]
diário (m) de bordo	журнали кишти	[ʒurnali kiʃti:]
luneta (f)	дурбин	[durbin]
sino (m)	ноκус, зангӯла	[noqus], [zangœla]

bandeira (f)	байрак	[bajrak]
cabo (m)	арғамчини ғафс	[arʁamʧini ʁafs]
nó (m)	гиреҳ	[gireh]
corrimão (m)	даста барои қапидан	[dasta baroi qapidan]
prancha (f) de embarque	зинапоя	[zinapoja]
âncora (f)	лангар	[langar]
recolher a âncora	лангар бардоштан	[langar bardoʃtan]
jogar a âncora	лангар андохтан	[langar andoxtan]
amarra (corrente de âncora)	занҷири лангар	[zandʒiri langar]
porto (m)	бандар	[bandar]
cais, amarradouro (m)	ҷои киштибандӣ	[dʒoi kiʃtibandi:]
atracar (vi)	ба соҳил овардан	[ba sohil ovardan]
desatracar (vi)	ҳаракат кардан	[harakat kardan]
viagem (f)	саёҳат	[sajɔhat]
cruzeiro (m)	круиз	[kruiz]
rumo (m)	самт	[samt]
itinerário (m)	маршрут	[marʃrut]
canal (m) de navegação	маъбар	[ma'bar]
banco (m) de areia	тунукоба	[tunukoba]
encalhar (vt)	ба тунукоба шиштан	[ba tunukoba ʃiʃtan]
tempestade (f)	тӯфон, бӯрои	[tœfon], [bœroi]
sinal (m)	бонг, ишорат	[bong], [iʃorat]
afundar-se (vr)	ғарк шудан	[ʁark ʃudan]
Homem ao mar!	Одам дар об!	[odam dar ob]
SOS	SOS	[sos]
boia (f) salva-vidas	чамбари наҷот	[ʧambari nadʒot]

CIDADE

27. Transportes urbanos

ônibus (m)	автобус	[avtobus]
bonde (m) elétrico	трамвай	[tramvaj]
trólebus (m)	троллейбус	[trollejbus]
rota (f), itinerário (m)	маршрут	[marʃrut]
número (m)	рақам	[raqam]

ir de … (carro, etc.)	савор будан	[savor budan]
entrar no …	савор шудан	[savor ʃudan]
descer do …	фуромадан	[furomadan]

parada (f)	истгоҳ	[istgoh]
próxima parada (f)	истгоҳи дигар	[istgohi digar]
terminal (m)	истгоҳи охирон	[istgohi oҳiron]
horário (m)	чадвал	[dʒadval]
esperar (vt)	поидан	[poidan]

passagem (f)	билет	[bilet]
tarifa (f)	арзиши чипта	[arziʃi tʃipta]

bilheteiro (m)	кассир	[kassir]
controle (m) de passagens	назорат	[nazorat]
revisor (m)	нозир	[nozir]

atrasar-se (vr)	дер мондан	[der mondan]
perder (o autocarro, etc.)	дер мондан	[der mondan]
estar com pressa	шитоб кардан	[ʃitob kardan]

táxi (m)	такси	[taksi]
taxista (m)	таксичӣ	[taksitʃi:]
de táxi (ir ~)	дар такси	[dar taksi]
ponto (m) de táxis	истгоҳи таксӣ	[istgohi taksi:]
chamar um táxi	даъват кардани таксӣ	[da'vat kardani taksi:]
pegar um táxi	такси гирифтан	[taksi giriftan]

tráfego (m)	ҳаракат дар кӯча	[harakat dar kœtʃa]
engarrafamento (m)	пробка	[probka]
horas (f pl) de pico	час пик	[tʃas pik]
estacionar (vi)	ҷой кардан	[dʒoj kardan]
estacionar (vt)	ҷой кардан	[dʒoj kardan]
parque (m) de estacionamento	истгоҳ	[istgoh]

metrô (m)	метро	[metro]
estação (f)	истгоҳ	[istgoh]
ir de metrô	бо метро рафтан	[bo metro raftan]
trem (m)	поезд, қатор	[poezd], [qator]
estação (f) de trem	вокзал	[vokzal]

28. Cidade. Vida na cidade

cidade (f)	шаҳр	[ʃahr]
capital (f)	пойтахт	[pojtaχt]
aldeia (f)	деҳа, деҳ	[deha], [deh]

mapa (m) da cidade	нақшаи шаҳр	[naqʃai ʃahr]
centro (m) da cidade	маркази шаҳр	[markazi ʃahr]
subúrbio (m)	шаҳрча	[ʃahrtʃa]
suburbano (adj)	наздишаҳрй	[nazdiʃahri:]

periferia (f)	атроф, канор	[atrof], [kanor]
arredores (m pl)	атрофи шаҳр	[atrofi ʃahr]
quarteirão (m)	квартал, маҳалла	[kvartal], [mahalla]
quarteirão (m) residencial	маҳаллаи истиқоматй	[mahallai istiqomati:]

tráfego (m)	ҳаракат дар кӯча	[harakat dar kœtʃa]
semáforo (m)	чароғи раҳнамо	[tʃaroʁi rahnamo]
transporte (m) público	нақлиёти шаҳрй	[naqlijoti ʃahri:]
cruzamento (m)	чорраҳа	[tʃorraha]

faixa (f)	гузаргоҳи пиёдагардон	[guzargohi pijodagardon]
túnel (m) subterrâneo	гузаргоҳи зеризаминй	[guzargohi zerizamini:]
cruzar, atravessar (vt)	гузаштан	[guzaʃtan]
pedestre (m)	пиёдагард	[pijodagard]
calçada (f)	пиёдараҳа	[pijodaraha]

ponte (f)	пул, кӯпрук	[pul], [kœpruk]
margem (f) do rio	соҳил	[sohil]
fonte (f)	фаввора	[favvora]

alameda (f)	кӯчабоғ	[kœtʃaboʁ]
parque (m)	боғ	[boʁ]
bulevar (m)	кӯчабоғ, гулгашт	[kœtʃaboʁ], [gulgaʃt]
praça (f)	майдон	[majdon]
avenida (f)	хиёбон	[χijobon]
rua (f)	кӯча	[kœtʃa]
travessa (f)	тангкӯча	[tangkœtʃa]
beco (m) sem saída	кӯчаи бумбаста	[kœtʃai bumbasta]

casa (f)	хона	[χona]
edifício, prédio (m)	бино	[bino]
arranha-céu (m)	иморати осмонхарош	[imorati osmonχaroʃ]

fachada (f)	намо	[namo]
telhado (m)	бом	[bom]
janela (f)	тиреза	[tireza]
arco (m)	равоқ, тоқ	[ravoq], [toq]
coluna (f)	сутун	[sutun]
esquina (f)	бурчак	[burtʃak]

vitrine (f)	витрина	[vitrina]
letreiro (m)	лавҳа	[lavha]
cartaz (do filme, etc.)	эълоннома	[ɛ'lonnoma]
cartaz (m) publicitário	плакати реклама	[plakati reklama]

painel (m) publicitário	лавҳаи эълонхо	[lavhai ɛ'lonho]
lixo (m)	ахлот, хокрӯба	[aχlot], [χokrœba]
lata (f) de lixo	ахлотқуттӣ	[aχlotqutti:]
jogar lixo na rua	ифлос кардан	[iflos kardan]
aterro (m) sanitário	партовгоҳ	[partovgoh]
orelhão (m)	будкаи телефон	[budkai telefon]
poste (m) de luz	сутуни фонус	[sutuni fonus]
banco (m)	нимкат	[nimkat]
polícia (m)	полис	[polis]
polícia (instituição)	полис	[polis]
mendigo, pedinte (m)	гадо	[gado]
desabrigado (m)	бехона	[beχona]

29. Instituições urbanas

loja (f)	магазин	[magazin]
drogaria (f)	дорухона	[doruχona]
ótica (f)	оптика	[optika]
centro (m) comercial	маркази савдо	[markazi savdo]
supermercado (m)	супермаркет	[supermarket]
padaria (f)	дӯкони нонфурӯшӣ	[dœkoni nonfurœʃi:]
padeiro (m)	нонвой	[nonvoj]
pastelaria (f)	қаннодӣ	[qannodi:]
mercearia (f)	дӯкони баққолӣ	[dœkoni baqqoli:]
açougue (m)	дӯкони гӯштфурӯшӣ	[dœkoni gœʃtfurœʃi:]
fruteira (f)	дӯкони сабзавот	[dœkoni sabzavot]
mercado (m)	бозор	[bozor]
cafeteria (f)	қаҳвахона	[qahvaχona]
restaurante (m)	тарабхона	[tarabχona]
bar (m)	пивохона	[pivoχona]
pizzaria (f)	питсерия	[pitserija]
salão (m) de cabeleireiro	сартарошхона	[sartaroʃχona]
agência (f) dos correios	пӯшта	[pœʃta]
lavanderia (f)	козургарии химиявӣ	[kozurgari:i χimijavi:]
estúdio (m) fotográfico	суратгирхона	[suratgirχona]
sapataria (f)	магазини пойафзолфурӯшӣ	[magazini pojafzolfurœʃi:]
livraria (f)	мағозаи китоб	[maʁozai kitob]
loja (f) de artigos esportivos	мағозаи варзишӣ	[maʁozai varziʃi:]
costureira (m)	таъмири либос	[ta'miri libos]
aluguel (m) de roupa	кирояи либос	[kirojai libos]
videolocadora (f)	кирояи филмҳо	[kirojai filmho]
circo (m)	сирк	[sirk]
jardim (m) zoológico	боғи ҳайвонот	[boʁi hajvonot]
cinema (m)	кинотеатр	[kinoteatr]

museu (m)	осорхона	[osorχona]
biblioteca (f)	китобхона	[kitobχona]

teatro (m)	театр	[teatr]
ópera (f)	опера	[opera]
boate (casa noturna)	клуби шабона	[klubi ʃabona]
cassino (m)	казино	[kazino]

mesquita (f)	масчид	[masdʒid]
sinagoga (f)	каниса	[kanisa]
catedral (f)	собор	[sobor]
templo (m)	ибодатгоҳ	[ibodatgoh]
igreja (f)	калисо	[kaliso]

faculdade (f)	институт	[institut]
universidade (f)	университет	[universitet]
escola (f)	мактаб	[maktab]

prefeitura (f)	префектура	[prefektura]
câmara (f) municipal	мэрия	[mɛrija]
hotel (m)	меҳмонхона	[mehmonχona]
banco (m)	банк	[bank]

embaixada (f)	сафорат	[saforat]
agência (f) de viagens	турагенство	[turagenstvo]
agência (f) de informações	бюрои справкадиҳӣ	[bjuroi spravkadihi:]
casa (f) de câmbio	нуқтаи мубодила	[nuqtai mubodila]

metrô (m)	метро	[metro]
hospital (m)	касалхона	[kasalχona]

posto (m) de gasolina	нуқтаи фурӯши сӯзишвори	[nuqtai furœʃi sœziʃvori:]
parque (m) de estacionamento	истгоҳи мошинҳо	[istgohi moʃinho]

30. Sinais

letreiro (m)	лавҳа	[lavha]
aviso (m)	хат, навиштачот	[χat], [naviʃtadʒot]
cartaz, pôster (m)	плакат	[plakat]
placa (f) de direção	аломат, нишона	[alomat], [niʃona]
seta (f)	аломати тир	[alomati tir]

aviso (advertência)	огоҳӣ	[ogohi:]
sinal (m) de aviso	огоҳӣ	[ogohi:]
avisar, advertir (vt)	танбеҳ додан	[tanbeh dodan]

dia (m) de folga	рӯзи истироҳат	[rœzi istirohat]
horário (~ dos trens, etc.)	чадвал	[dʒadval]
horário (m)	соати корӣ	[soati kori:]

BEM-VINDOS!	ХУШ ОМАДЕД!	[χuʃ omaded]
ENTRADA	ДАРОМАД	[daromad]
SAÍDA	БАРОМАД	[baromad]

EMPURRE	АЗ ХУД	[az χud]
PUXE	БА ХУД	[ba χud]
ABERTO	КУШОДА	[kuʃoda]
FECHADO	ПӮШИДА	[pœʃida]

| MULHER | БАРОИ ЗАНОН | [baroi zanon] |
| HOMEM | БАРОИ МАРДОН | [baroi mardon] |

DESCONTOS	ТАХФИФ	[taχfif]
SALDOS, PROMOÇÃO	АРЗОНФУРӮШЙ	[arzonfurœʃi:]
NOVIDADE!	МОЛИ НАВ!	[moli nav]
GRÁTIS	БЕПУЛ	[bepul]

ATENÇÃO!	ДИҚҚАТ!	[diqqat]
NÃO HÁ VAGAS	ҶОЙ НЕСТ	[dʒoj nest]
RESERVADO	БАНД АСТ	[band ast]

ADMINISTRAÇÃO	МАЪМУРИЯТ	[ma'murijat]
SOMENTE PESSOAL	ФАҚАТ БАРОИ	[faqat baroi
AUTORIZADO	КОРМАНДОН	kormandon]

CUIDADO CÃO FEROZ	САГИ ГАЗАНДА	[sagi gazanda]
PROIBIDO FUMAR!	ТАМОКУ НАКАШЕД!	[tamoku nakaʃed]
NÃO TOCAR	ДАСТ НАРАСОНЕД!	[dast narasoned]

PERIGOSO	ХАТАРНОК	[χatarnok]
PERIGO	ХАТАР	[χatar]
ALTA TENSÃO	ШИДДАТИ БАЛАНД	[ʃiddati baland]
PROIBIDO NADAR	ОББОЗЙ КАРДАН	[obbozi: kardan
	МАНЪ АСТ	man' ast]
COM DEFEITO	КОР НАМЕКУНАД	[kor namekunad]

INFLAMÁVEL	ОТАШАНГЕЗ	[otaʃangez]
PROIBIDO	МАНЪ АСТ	[man' ast]
ENTRADA PROIBIDA	ДАРОМАД МАНЪ АСТ	[daromad man' ast]
CUIDADO TINTA FRESCA	РАНГ КАРДА ШУДААСТ	[rang karda ʃudaast]

31. Compras

comprar (vt)	харидан	[χaridan]
compra (f)	харид	[χarid]
fazer compras	харид кардан	[χarid kardan]
compras (f pl)	шопинг	[ʃoping]

| estar aberta (loja) | кушода будан | [kuʃoda budan] |
| estar fechada | маҳкам будан | [mahkam budan] |

calçado (m)	пойафзол	[pojafzol]
roupa (f)	либос	[libos]
cosméticos (m pl)	косметика	[kosmetika]
alimentos (m pl)	озуқаворй	[ozuqavori:]
presente (m)	тӯхфа	[tœhfa]
vendedor (m)	фурӯш	[furœʃ]
vendedora (f)	фурӯш	[furœʃ]

caixa (f)	касса	[kassa]
espelho (m)	оина	[oina]
balcão (m)	пешдӯкон	[peʃdœkon]
provador (m)	чои пӯшида дидани либос	[dʒoi pœʃida didani libos]

provar (vt)	пӯшида дидан	[pœʃida didan]
servir (roupa, caber)	мувофиқ омадан	[muvofiq omadan]
gostar (apreciar)	форидан	[foridan]

preço (m)	нарх	[narχ]
etiqueta (f) de preço	нархнома	[narχnoma]
custar (vt)	арзидан	[arzidan]
Quanto?	Чанд пул?	[ʧand pul]
desconto (m)	тахфиф	[taχfif]

não caro (adj)	арзон	[arzon]
barato (adj)	арзон	[arzon]
caro (adj)	қимат	[qimat]
É caro	Ин қимат аст	[in qimat ast]

aluguel (m)	кироя	[kiroja]
alugar (roupas, etc.)	насия гирифтан	[nasija giriftan]
crédito (m)	қарз	[qarz]
a crédito	кредит гирифтан	[kredit giriftan]

VESTUÁRIO & ACESSÓRIOS

32. Roupa exterior. Casacos

roupa (f)	либос	[libos]
roupa (f) exterior	либоси боло	[libosi bolo]
roupa (f) de inverno	либоси зимистонй	[libosi zimistoni:]
sobretudo (m)	палто	[palto]
casaco (m) de pele	пӯстин	[pœstin]
jaqueta (f) de pele	нимпӯстин	[nimpœstin]
casaco (m) acolchoado	пуховик	[puχovik]
casaco (m), jaqueta (f)	куртка	[kurtka]
impermeável (m)	боронй	[boroni:]
a prova d'água	обногузар	[obnoguzar]

33. Vestuário de homem & mulher

camisa (f)	курта	[kurta]
calça (f)	шим, шалвор	[ʃim], [ʃalvor]
jeans (m)	шими чинс	[ʃimi dʒins]
paletó, terno (m)	пичак	[pidʒak]
terno (m)	костюм	[kostjum]
vestido (ex. ~ de noiva)	куртаи заннона	[kurtai zannona]
saia (f)	юбка	[jubka]
blusa (f)	блузка	[bluzka]
casaco (m) de malha	кофтаи бофта	[koftai bofta]
casaco, blazer (m)	жакет	[ʒaket]
camiseta (f)	футболка	[futbolka]
short (m)	шортик	[ʃortik]
training (m)	либоси варзишй	[libosi varziʃi:]
roupão (m) de banho	халат	[χalat]
pijama (m)	пижама	[piʒama]
suéter (m)	свитер	[sviter]
pulôver (m)	пуловер	[pulover]
colete (m)	камзӯл	[kamzœl]
fraque (m)	фрак	[frak]
smoking (m)	смокинг	[smoking]
uniforme (m)	либоси расмй	[libosi rasmi:]
roupa (f) de trabalho	либоси корй	[libosi kori:]
macacão (m)	комбинезон	[kombinezon]
jaleco (m), bata (f)	халат	[χalat]

34. Vestuário. Roupa interior

roupa (f) íntima	либоси таг	[libosi tag]
cueca boxer (f)	турсуки мардона	[tursuki mardona]
calcinha (f)	турсуки занона	[tursuki zanona]
camiseta (f)	майка	[majka]
meias (f pl)	пайпоқ	[pajpoq]
camisola (f)	куртаи хоб	[kurtai χob]
sutiã (m)	синабанд	[sinaband]
meias longas (f pl)	чуроби кутоҳ	[dʒurobi kutoh]
meias-calças (f pl)	колготка	[kolgotka]
meias (~ de nylon)	чуроби дароз	[tʃurobi daroz]
maiô (m)	либоси оббозй	[libosi obbozi:]

35. Adereços de cabeça

chapéu (m), touca (f)	кулоҳ, телпак	[kuloh], [telpak]
chapéu (m) de feltro	шляпаи моҳутй	[ʃljapai mohuti:]
boné (m) de beisebol	бейсболка	[bejsbolka]
boina (~ italiana)	кепка	[kepka]
boina (ex. ~ basca)	берет	[beret]
capuz (m)	либоси кулоҳдор	[libosi kulohdor]
chapéu panamá (m)	панамка	[panamka]
touca (f)	шапкаи бофтагй	[ʃapkai boftagi:]
lenço (m)	рӯймол	[rœjmol]
chapéu (m) feminino	кулоҳча	[kulohtʃa]
capacete (m) de proteção	тоскулоҳ	[toskuloh]
bibico (m)	пилотка	[pilotka]
capacete (m)	хӯд	[χœd]
chapéu-coco (m)	дегчакулох	[degtʃakuloχ]
cartola (f)	силиндр	[silindr]

36. Calçado

calçado (m)	пойафзол	[pojafzol]
botinas (f pl), sapatos (m pl)	патинка	[patinka]
sapatos (de salto alto, etc.)	кафш, туфли	[kafʃ], [tufli]
botas (f pl)	мӯза	[mœza]
pantufas (f pl)	шиппак	[ʃippak]
tênis (~ Nike, etc.)	крассовка	[krassovka]
tênis (~ Converse)	кетй	[keti:]
sandálias (f pl)	сандал	[sandal]
sapateiro (m)	мӯзадӯз	[mœzadœz]
salto (m)	пошна	[poʃna]

par (m)	чуфт	[dʒuft]
cadarço (m)	бандак	[bandak]
amarrar os cadarços	бандак гузарондан	[bandak guzarondan]
calçadeira (f)	кафчаи кафшпӯшӣ	[kaftʃai kafʃpœʃi:]
graxa (f) para calçado	креми пойафзол	[kremi pojafzol]

37. Acessórios pessoais

luva (f)	дастпӯшак	[dastpœʃak]
mitenes (f pl)	дастпӯшаки бепанҷа	[dastpœʃaki bepandʒa]
cachecol (m)	гарданпеч	[gardanpetʃ]

óculos (m pl)	айнак	[ajnak]
armação (f)	чанбарак	[tʃanbarak]
guarda-chuva (m)	сойбон, чатр	[sojabon], [tʃatr]
bengala (f)	чӯб	[tʃœb]
escova (f) para o cabelo	чӯткаи мӯйсар	[tʃœtkai mœjsar]
leque (m)	бодбезак	[bodbezak]

gravata (f)	галстук	[galstuk]
gravata-borboleta (f)	галстук-шапарак	[galstuk-ʃaparak]
suspensórios (m pl)	шалворбанди китфӣ	[ʃalvorbandi kitfi:]
lenço (m)	дастрӯймол	[dastrœjmol]

pente (m)	шона	[ʃona]
fivela (f) para cabelo	сарсӯзан, бандак	[sarsœzan], [bandak]
grampo (m)	санчак	[sandʒak]
fivela (f)	сагаки тасма	[sagaki tasma]

cinto (m)	тасма	[tasma]
alça (f) de ombro	тасма	[tasma]

bolsa (f)	сумка	[sumka]
bolsa (feminina)	сумка	[sumka]
mochila (f)	борхалта	[borχalta]

38. Vestuário. Diversos

moda (f)	мод	[mod]
na moda (adj)	модшуда	[modʃuda]
estilista (m)	тархсоз	[tarhsoz]

colarinho (m)	гиребон, ёқа	[girebon], [jɔqa]
bolso (m)	киса	[kisa]
de bolso	... и киса	[i kisa]
manga (f)	остин	[ostin]
ganchinho (m)	банди либос	[bandi libos]
bragueta (f)	чоки пеши шим	[tʃoki peʃi ʃim]

zíper (m)	занчирак	[zandʒirak]
colchete (m)	гиреҳбанд	[girehband]
botão (m)	тугма	[tugma]

botoeira (casa de botão)	банди тугма	[bandi tugma]
soltar-se (vr)	канда шудан	[kanda ʃudan]
costurar (vi)	дӯхтан	[dœχtan]
bordar (vt)	гулдӯзӣ кардан	[guldœzi: kardan]
bordado (m)	гулдӯзӣ	[guldœzi:]
agulha (f)	сӯзани чокдӯзи	[sœzani ʧokdœzi]
fio, linha (f)	ресмон	[resmon]
costura (f)	чок	[ʧok]
sujar-se (vr)	олуда шудан	[oluda ʃudan]
mancha (f)	доғ, лакка	[doʁ], [lakka]
amarrotar-se (vr)	ғичим шудан	[ʁiʤim ʃudan]
rasgar (vt)	даррондан	[darrondan]
traça (f)	куя	[kuja]

39. Cuidados pessoais. Cosméticos

pasta (f) de dente	хамираи дандон	[χamirai dandon]
escova (f) de dente	чӯткаи дандоншӯй	[ʧœtkai dandonʃœi:]
escovar os dentes	дандон шустан	[dandon ʃustan]
gilete (f)	ришгирак	[riʃgirak]
creme (m) de barbear	креми ришгирӣ	[kremi riʃgiri:]
barbear-se (vr)	риш гирифтан	[riʃ giriftan]
sabonete (m)	собун	[sobun]
xampu (m)	шампун	[ʃampun]
tesoura (f)	кайчӣ	[kajʧi:]
lixa (f) de unhas	тарошаи нохунхо	[taroʃai noχunho]
corta-unhas (m)	анбӯрча барои нохунхо	[anbœrʧa baroi noχunho]
pinça (f)	мӯйчинак	[mœjʧinak]
cosméticos (m pl)	косметика	[kosmetika]
máscara (f)	никоби косметикӣ	[niqobi kosmetiki:]
manicure (f)	нохунорой	[noχunoroi:]
fazer as unhas	нохун оростан	[noχun orostan]
pedicure (f)	орoиши нохунхои пой	[oroiʃi noχunhoi poj]
bolsa (f) de maquiagem	косметичка	[kosmetiʧka]
pó (de arroz)	сафеда	[safeda]
pó (m) compacto	куттии упо	[qutti:i upo]
blush (m)	сурхӣ	[surχi:]
água-de-colônia (f)	атр	[atr]
loção (f)	оби мушкин	[obi muʃkin]
colônia (f)	атр	[atr]
sombra (f) de olhos	тен барои пилкхои чашм	[ten baroi pilkhoi ʧaʃm]
delineador (m)	қалами чашм	[qalami ʧaʃm]
máscara (f), rímel (m)	туш барои мижахо	[tuʃ baroi miʒaho]
batom (m)	лабсурхкунак	[labsurχkunak]
esmalte (m)	лаки нохун	[laki noχun]

laquê (m), spray fixador (m)	лаки мӯйсар	[laki mœjsar]
desodorante (m)	дезодорант	[dezodorant]
creme (m)	крем, равғани рӯй	[krem], [ravʁani rœj]
creme (m) de rosto	креми рӯй	[kremi rœj]
creme (m) de mãos	креми даст	[kremi dast]
creme (m) antirrugas	креми зиддиожанг	[kremi ziddioʒang]
creme (m) de dia	креми рӯзона	[kremi rœzona]
creme (m) de noite	креми шабона	[kremi ʃabona]
de dia	рӯзона, ~и рӯз	[rœzona], [~i rœz]
da noite	шабона, … и шаб	[ʃabona], [i ʃab]
absorvente (m) interno	тампон	[tampon]
papel (m) higiênico	коғази хоҷатхона	[koʁazi χoʤatχona]
secador (m) de cabelo	мӯхушккунак	[mœχuʃkkunak]

40. Relógios de pulso. Relógios

relógio (m) de pulso	соати дастӣ	[soati dasti:]
mostrador (m)	лавҳаи соат	[lavhai soat]
ponteiro (m)	акрабак	[akrabak]
bracelete (em aço)	дастпона	[dastpona]
bracelete (em couro)	банди соат	[bandi soat]
pilha (f)	батареяча, батарейка	[batarejatʃa], [batarejka]
acabar (vi)	холӣ шудааст	[χoli: ʃudaast]
trocar a pilha	иваз кардани батаре	[ivaz kardani batare]
estar adiantado	пеш меравад	[peʃ meravad]
estar atrasado	ақиб мондан	[aqib mondan]
relógio (m) de parede	соати деворӣ	[soati devori:]
ampulheta (f)	соати регӣ	[soati regi:]
relógio (m) de sol	соати офтобӣ	[soati oftobi:]
despertador (m)	соати рӯимизии зангдор	[soati rœimizi:i zangdor]
relojoeiro (m)	соатсоз	[soatsoz]
reparar (vt)	таъмир кардан	[ta'mir kardan]

EXPERIÊNCIA DO QUOTIDIANO

41. Dinheiro

dinheiro (m)	пул	[pul]
câmbio (m)	мубодила, иваз	[mubodila], [ivaz]
taxa (f) de câmbio	қурб	[qurb]
caixa (m) eletrônico	банкомат	[bankomat]
moeda (f)	танга	[tanga]
dólar (m)	доллар	[dollar]
lira (f)	лираи италиявӣ	[lirai italijavi:]
marco (m)	маркаи олмонӣ	[markai olmoni:]
franco (m)	франк	[frank]
libra (f) esterlina	фунт стерлинг	[funt sterling]
iene (m)	иена	[iena]
dívida (f)	қарз	[qarz]
devedor (m)	қарздор	[qarzdor]
emprestar (vt)	қарз додан	[qarz dodan]
pedir emprestado	қарз гирифтан	[qarz giriftan]
banco (m)	банк	[bank]
conta (f)	ҳисоб	[hisob]
depositar (vt)	гузарондан	[guzarondan]
depositar na conta	ба суратҳисоб гузарондан	[ba surathisob guzarondan]
sacar (vt)	аз суратҳисоб гирифтан	[az surathisob giriftan]
cartão (m) de crédito	корти кредитӣ	[korti krediti:]
dinheiro (m) vivo	пули нақд, нақдина	[puli naqd], [naqdina]
cheque (m)	чек	[ʧek]
passar um cheque	чек навиштан	[ʧek naviʃtan]
talão (m) de cheques	дафтарчаи чек	[daftarʧai ʧek]
carteira (f)	ҳамён	[hamjɔn]
niqueleira (f)	ҳамён	[hamjɔn]
cofre (m)	сейф	[sejf]
herdeiro (m)	меросхӯр	[merosχœr]
herança (f)	мерос	[meros]
fortuna (riqueza)	дорой	[doroi:]
arrendamento (m)	иҷора	[idʒora]
aluguel (pagar o ~)	ҳаққи манзил	[haqqi manzil]
alugar (vt)	ба иҷора гирифтан	[ba idʒora giriftan]
preço (m)	нарх	[narχ]
custo (m)	арзиш	[arziʃ]
soma (f)	маблағ	[mablaʁ]
gastar (vt)	сарф кардан	[sarf kardan]

gastos (m pl)	харҷ, ҳазина	[xardʒ], [hazina]
economizar (vi)	сарфа кардан	[sarfa kardan]
econômico (adj)	сарфакор	[sarfakor]

pagar (vt)	пул додан	[pul dodan]
pagamento (m)	пардохт	[pardoxt]
troco (m)	бақияи пул	[baqijai pul]

imposto (m)	налог, андоз	[nalog], [andoz]
multa (f)	ҷарима	[dʒarima]
multar (vt)	ҷарима андохтан	[dʒarima andoxtan]

42. Correios. Serviço postal

agência (f) dos correios	почта	[potʃta]
correio (m)	почта	[potʃta]
carteiro (m)	хаткашон	[xatkaʃon]
horário (m)	соати корӣ	[soati kori:]

carta (f)	мактуб	[maktub]
carta (f) registada	хати супоришӣ	[xati suporiʃi:]
cartão (m) postal	руқъа	[ruq'a]
telegrama (m)	барқия	[barqija]
encomenda (f)	равонак	[ravonak]
transferência (f) de dinheiro	пули фиристодашуда	[puli firistodaʃuda]

receber (vt)	гирифтан	[giriftan]
enviar (vt)	ирсол кардан	[irsol kardan]
envio (m)	ирсол	[irsol]

endereço (m)	адрес, унвон	[adres], [unvon]
código (m) postal	индекси почта	[indeksi potʃta]
remetente (m)	ирсолкунанда	[irsolkunanda]
destinatário (m)	гиранда	[giranda]

| nome (m) | ном | [nom] |
| sobrenome (m) | фамилия | [familija] |

tarifa (f)	таърифа	[ta'rifa]
ordinário (adj)	муқаррарӣ	[muqarrari:]
econômico (adj)	камхарҷ	[kamxardʒ]

peso (m)	вазн	[vazn]
pesar (estabelecer o peso)	баркашидан	[barkaʃidan]
envelope (m)	конверт	[konvert]
selo (m) postal	марка	[marka]
colar o selo	марка часпонидан	[marka tʃasponidan]

43. Banca

| banco (m) | банк | [bank] |
| balcão (f) | шӯъба | [ʃœ'ba] |

| consultor (m) bancário | мушовир | [muʃovir] |
| gerente (m) | идоракунанда | [idorakunanda] |

conta (f)	хисоб	[hisob]
número (m) da conta	рақами суратхисоб	[raqami surathisob]
conta (f) corrente	хисоби чорй	[hisobi dʒori:]
conta (f) poupança	суратхисоби	[surathisobi
	чамъшаванда	dʒam'ʃavanda]

abrir uma conta	суратхисоб кушодан	[surathisob kuʃodan]
fechar uma conta	бастани суратхисоб	[bastani surathisob]
depositar na conta	ба суратхисоб гузарондан	[ba surathisob guzarondan]
sacar (vt)	аз суратхисоб гирифтан	[az surathisob giriftan]

depósito (m)	амонат	[amonat]
fazer um depósito	маблағ гузоштан	[mablaʁ guzoʃtan]
transferência (f) bancária	интиқоли маблағ	[intiqoli mablaʁ]
transferir (vt)	интиқол додан	[intiqol dodan]

| soma (f) | маблағ | [mablaʁ] |
| Quanto? | Чй қадар? | [tʃi: qadar] |

| assinatura (f) | имзо | [imzo] |
| assinar (vt) | имзо кардан | [imzo kardan] |

cartão (m) de crédito	корти кредитй	[korti krediti:]
senha (f)	рамз, код	[ramz], [kod]
número (m) do cartão de crédito	рақами корти кредитй	[raqami korti krediti:]
caixa (m) eletrônico	банкомат	[bankomat]

cheque (m)	чек	[tʃek]
passar um cheque	чек навиштан	[tʃek naviʃtan]
talão (m) de cheques	дафтарчаи чек	[daftartʃai tʃek]

empréstimo (m)	қарз	[qarz]
pedir um empréstimo	барои кредит мурочиат кардан	[baroi kredit murodʒiat kardan]
obter empréstimo	кредит гирифтан	[kredit giriftan]
dar um empréstimo	кредит додан	[kredit dodan]
garantia (f)	кафолат, замонат	[kafolat], [zamonat]

44. Telefone. Conversação telefônica

telefone (m)	телефон	[telefon]
celular (m)	телефони мобилй	[telefoni mobili:]
secretária (f) eletrônica	худчавобгӯ	[χuddʒavobgœ]

| fazer uma chamada | телефон кардан | [telefon kardan] |
| chamada (f) | занг | [zang] |

discar um número	гирифтани рақамхо	[giriftani raqamho]
Alô!	алло, ха	[allo], [ha]
perguntar (vt)	пурсидан	[pursidan]

responder (vt)	чавоб додан	[dʒavob dodan]
ouvir (vt)	шунидан	[ʃunidan]
bem	хуб, нағз	[χub], [naʁz]
mal	бад	[bad]
ruído (m)	садохои бегона	[sadohoi begona]

fone (m)	гӯшак	[giːʃak]
pegar o telefone	бардоштани гӯшак	[bardoʃtani gœʃak]
desligar (vi)	мондани гӯшак	[mondani gœʃak]

ocupado (adj)	банд	[band]
tocar (vi)	занг задан	[zang zadan]
lista (f) telefônica	китоби телефон	[kitobi telefon]

local (adj)	махаллӣ	[mahalliː]
chamada (f) local	занги махаллӣ	[zangi mahalliː]
de longa distância	байнишахрӣ	[bajniʃahriː]
chamada (f) de longa distância	занги байнишахрӣ	[zangi bajniʃahriː]
internacional (adj)	байналхалқӣ	[bajnalχalqiː]

45. Telefone móvel

celular (m)	телефони мобилӣ	[telefoni mobiliː]
tela (f)	дисплей	[displej]
botão (m)	тугмача	[tugmatʃa]
cartão SIM (m)	сим-корт	[sim-kort]

bateria (f)	батарея	[batareja]
descarregar-se (vr)	бе заряд шудан	[be zarjad ʃudan]
carregador (m)	асбоби барқпуркунанда	[asbobi barqpurkunanda]

menu (m)	меню	[menju]
configurações (f pl)	соз кардан	[soz kardan]
melodia (f)	оханг	[ohang]
escolher (vt)	интихоб кардан	[intiχob kardan]

calculadora (f)	хисобкунак	[hisobkunak]
correio (m) de voz	худчавобгӯ	[χuddʒavobgœ]
despertador (m)	соати рӯимизии зангдор	[soati rœimiziːi zangdor]
contatos (m pl)	китоби телефон	[kitobi telefon]

| mensagem (f) de texto | СМС-хабар | [sms-χabar] |
| assinante (m) | муштарӣ | [muʃtariː] |

46. Estacionário

| caneta (f) | ручкаи саққочадор | [rutʃkai saqqotʃador] |
| caneta (f) tinteiro | парқалам | [parqalam] |

| lápis (m) | қалам | [qalam] |
| marcador (m) de texto | маркер | [marker] |

caneta (f) hidrográfica	фломастер	[flomaster]
bloco (m) de notas	блокнот, дафтари ёддошт	[bloknot], [daftari jɔddoʃt]
agenda (f)	рӯзнома	[rœznoma]

régua (f)	чадвал	[dʒadval]
calculadora (f)	ҳисобкунак	[hisobkunak]
borracha (f)	ластик	[lastik]
alfinete (m)	кнопка	[knopka]
clipe (m)	скрепка	[skrepka]

cola (f)	елим, шилм	[elim], [ʃilm]
grampeador (m)	степлер	[stepler]
apontador (m)	чарх	[tʃarχ]

47. Línguas estrangeiras

língua (f)	забон	[zabon]
estrangeiro (adj)	хоричӣ	[χoridʒi:]
língua (f) estrangeira	забони хоричӣ	[zaboni χoridʒi:]
estudar (vt)	омӯхтан	[omœχtan]
aprender (vt)	омӯхтан	[omœχtan]

ler (vt)	хондан	[χondan]
falar (vi)	гап задан	[gap zadan]
entender (vt)	фаҳмидан	[fahmidan]
escrever (vt)	навиштан	[naviʃtan]

rapidamente	босуръат	[bosur'at]
devagar, lentamente	оҳиста	[ohista]
fluentemente	озодона	[ozodona]

regras (f pl)	қоидаҳо	[qoidaho]
gramática (f)	грамматика	[grammatika]
vocabulário (m)	лексика	[leksika]
fonética (f)	савтиёт	[savtijɔt]

livro (m) didático	китоби дарсӣ	[kitobi darsi:]
dicionário (m)	луғат	[luʁat]
manual (m) autodidático	худомӯз	[χudomœz]
guia (m) de conversação	сӯҳбатнома	[sœhbatnoma]

fita (f) cassete	кассета	[kasseta]
videoteipe (m)	видеокассета	[videokasseta]
CD (m)	CD, диски компактӣ	[ɔɛ], [diski kompakti:]
DVD (m)	DVD-диск	[ɛøɛ-disk]

alfabeto (m)	алифбо	[alifbo]
soletrar (vt)	ҳарфакӣ гап задан	[harfaki: gap zadan]
pronúncia (f)	талаффуз	[talaffuz]

sotaque (m)	зада, аксент	[zada], [aksent]
com sotaque	бо аксент	[bo aksent]
sem sotaque	бе аксент	[be aksent]
palavra (f)	калима	[kalima]

sentido (m)	маъни, маъно	[ma'ni:], [ma'no]
curso (m)	курсхо, дарсхо	[kursho], [darsho]
inscrever-se (vr)	дохил шудан	[doχil ʃudan]
professor (m)	муаллим	[muallim]
tradução (processo)	тарчума	[tardʒuma]
tradução (texto)	тарчума	[tardʒuma]
tradutor (m)	тарчумон	[tardʒumon]
intérprete (m)	тарчумон	[tardʒumon]
poliglota (m)	забондон	[zabondon]
memória (f)	хофиза	[hofiza]

REFEIÇÕES. RESTAURANTE

48. Por a mesa

colher (f)	қошуқ	[qoʃuq]
faca (f)	корд	[kord]
garfo (m)	чангча, чангол	[ʧangʧa], [ʧangol]

xícara (f)	косача	[kosaʧa]
prato (m)	таксимча	[taqsimʧa]
pires (m)	таксимй, таксимича	[taqsimi:], [taqsimiʧa]
guardanapo (m)	салфетка	[salfetka]
palito (m)	дандонковак	[dandonkovak]

49. Restaurante

restaurante (m)	тарабхона	[tarabχona]
cafeteria (f)	қахвахона	[qahvaχona]
bar (m), cervejaria (f)	бар	[bar]
salão (m) de chá	чойхона	[ʧojχona]

garçom (m)	пешхизмат	[peʃχizmat]
garçonete (f)	пешхизмат	[peʃχizmat]
barman (m)	бармен	[barmen]

cardápio (m)	меню	[menju]
lista (f) de vinhos	рӯйхати шаробхо	[rœjχati ʃarobho]
reservar uma mesa	банд кардани миз	[band kardani miz]

prato (m)	таом	[taom]
pedir (vt)	супориш додан	[suporiʃ dodan]
fazer o pedido	фармоиш додан	[farmoiʃ dodan]
aperitivo (m)	аперитив	[aperitiv]
entrada (f)	хӯриш, газак	[χœriʃ], [gazak]
sobremesa (f)	десерт	[desert]

conta (f)	хисоб	[hisob]
pagar a conta	пардохт кардан	[pardoχt kardan]
dar o troco	бакия додан	[baqija dodan]
gorjeta (f)	чойпулй	[ʧojpuli:]

50. Refeições

comida (f)	хӯрок, таом	[χœrok], [taom]
comer (vt)	хӯрдан	[χœrdan]
café (m) da manhã	ноништа	[noniʃta]

tomar café da manhã	ноништа кардан	[noniʃta kardan]
almoço (m)	хӯроки пешин	[χœroki peʃin]
almoçar (vi)	хӯроки пешин хӯрдан	[χœroki peʃin χœrdan]
jantar (m)	шом	[ʃom]
jantar (vi)	хӯроки шом хӯрдан	[χœroki ʃom χœrdan]

apetite (m)	иштихо	[iʃtiho]
Bom apetite!	ош шавад!	[oʃ ʃavad]

abrir (~ uma lata, etc.)	кушодан	[kuʃodan]
derramar (~ líquido)	резондан	[rezondan]
derramar-se (vr)	рехтан	[reχtan]

ferver (vi)	чӯшидан	[dʒœʃidan]
ferver (vt)	чӯшондан	[dʒœʃondan]
fervido (adj)	чӯшомада	[dʒœʃomada]
esfriar (vt)	хунук кардан	[χunuk kardan]
esfriar-se (vr)	хунук шудан	[χunuk ʃudan]

sabor, gosto (m)	маза, таъм	[maza], [ta'm]
fim (m) de boca	таъм	[ta'm]

emagrecer (vi)	хароб шудан	[χarob ʃudan]
dieta (f)	диета	[dieta]
vitamina (f)	витамин	[vitamin]
caloria (f)	калория	[kalorija]
vegetariano (m)	гӯштнахӯранда	[gœʃtnaχœranda]
vegetariano (adj)	бегӯшт	[begœʃt]

gorduras (f pl)	равган	[ravʁan]
proteínas (f pl)	сафедахо	[safedaho]
carboidratos (m pl)	карбогидратхо	[karbogidratho]

fatia (~ de limão, etc.)	тилим, порча	[tilim], [portʃa]
pedaço (~ de bolo)	порча	[portʃa]
migalha (f), farelo (m)	резгӣ	[rezgi:]

51. Pratos cozinhados

prato (m)	таом	[taom]
cozinha (~ portuguesa)	таомхо	[taomho]
receita (f)	ретсепт	[retsept]
porção (f)	навола	[navola]

salada (f)	салат	[salat]
sopa (f)	шӯрбо	[ʃœrbo]

caldo (m)	булён	[buljon]
sanduíche (m)	бутерброд	[buterbrod]
ovos (m pl) fritos	тухмбирён	[tuχmbirjɔn]

hambúrguer (m)	гамбургер	[gamburger]
bife (m)	бифштекс	[bifʃteks]
acompanhamento (m)	хӯриши таом	[χœriʃi taom]

espaguete (m)	спагеттй	[spagetti:]
purê (m) de batata	пюре	[pjure]
pizza (f)	питса	[pitsa]
mingau (m)	шӯла	[ʃœla]
omelete (f)	омлет, тухмбирён	[omlet], [tuχmbirjɔn]

fervido (adj)	чӯшондашуда	[dʒœʃondaʃuda]
defumado (adj)	дудхӯрда	[dudχœrda]
frito (adj)	бирён	[birjɔn]
seco (adj)	хушк	[χuʃk]
congelado (adj)	яхкарда	[jaχkarda]
em conserva (adj)	дар сирко хобондашуда	[dar sirko χobondaʃuda]

doce (adj)	ширин	[ʃirin]
salgado (adj)	шӯр	[ʃœr]
frio (adj)	хунук	[χunuk]
quente (adj)	гарм	[garm]
amargo (adj)	талх	[talχ]
gostoso (adj)	бомаза	[bomaza]

cozinhar em água fervente	пухтан, чӯшондан	[puχtan], [dʒœʃondan]
preparar (vt)	пухтан	[puχtan]
fritar (vt)	бирён кардан	[birjɔn kardan]
aquecer (vt)	гарм кардан	[garm kardan]

salgar (vt)	намак андохтан	[namak andoχtan]
apimentar (vt)	қаламфур андохтан	[qalamfur andoχtan]
ralar (vt)	тарошидан	[taroʃidan]
casca (f)	пӯст	[pœst]
descascar (vt)	пӯст кандан	[pœst kandan]

52. Comida

carne (f)	гӯшт	[gœʃt]
galinha (f)	мурғ	[murʁ]
frango (m)	чӯча	[tʃœdʒa]
pato (m)	мурғобӣ	[murʁobi:]
ganso (m)	қоз, ғоз	[qoz], [ʁoz]
caça (f)	сайди шикор	[sajdi ʃikor]
peru (m)	мурғи марчон	[murʁi mardʒon]

carne (f) de porco	гӯшти хук	[gœʃti χuk]
carne (f) de vitela	гӯшти гӯсола	[gœʃti gœsola]
carne (f) de carneiro	гӯшти гӯсфанд	[gœʃti gœsfand]
carne (f) de vaca	гӯшти гов	[gœʃti gov]
carne (f) de coelho	харгӯш	[χargœʃ]

linguiça (f), salsichão (m)	ҳасиб	[hasib]
salsicha (f)	ҳасибча	[hasibtʃa]
bacon (m)	бекон	[bekon]
presunto (m)	ветчина	[vettʃina]
pernil (m) de porco	рон	[ron]
patê (m)	паштет	[paʃtet]
fígado (m)	чигар	[dʒigar]

| guisado (m) | гӯшти кӯфта | [gœʃti kœfta] |
| língua (f) | забон | [zabon] |

ovo (m)	тухм	[tuχm]
ovos (m pl)	тухм	[tuχm]
clara (f) de ovo	сафедии тухм	[safedi:i tuχm]
gema (f) de ovo	зардии тухм	[zardi:i tuχm]

peixe (m)	моҳӣ	[mohi:]
mariscos (m pl)	маҳсулоти баҳрӣ	[mahsuloti bahri:]
crustáceos (m pl)	буғумпойҳо	[buʁumpojho]
caviar (m)	тухми моҳӣ	[tuχmi mohi:]

caranguejo (m)	харчанг	[χartʃang]
camarão (m)	креветка	[krevetka]
ostra (f)	садафак	[sadafak]
lagosta (f)	лангуст	[langust]
polvo (m)	ҳаштпо	[haʃtpo]
lula (f)	калмар	[kalmar]

esturjão (m)	гӯшти тосмоҳӣ	[gœʃti tosmohi:]
salmão (m)	озодмоҳӣ	[ozodmohi:]
halibute (m)	палтус	[paltus]

bacalhau (m)	равғанмоҳӣ	[ravʁanmohi:]
cavala, sarda (f)	зағӯтамоҳӣ	[zaʁœtamohi:]
atum (m)	самак	[samak]
enguia (f)	мормоҳӣ	[mormohi:]

truta (f)	гулмоҳӣ	[gulmohi:]
sardinha (f)	саморис	[samoris]
lúcio (m)	шӯртан	[ʃœrtan]
arenque (m)	шӯрмоҳӣ	[ʃœrmohi:]

pão (m)	нон	[non]
queijo (m)	панир	[panir]
açúcar (m)	шакар	[ʃakar]
sal (m)	намак	[namak]

arroz (m)	биринҷ	[birindʒ]
massas (f pl)	макарон	[makaron]
talharim, miojo (m)	угро	[ugro]

manteiga (f)	равғани маска	[ravʁani maska]
óleo (m) vegetal	равғани пок	[ravʁani pok]
óleo (m) de girassol	равғани офтобпараст	[ravʁani oftobparast]
margarina (f)	маргарин	[margarin]

| azeitonas (f pl) | зайтун | [zajtun] |
| azeite (m) | равғани зайтун | [ravʁani zajtun] |

leite (m)	шир	[ʃir]
leite (m) condensado	ширқиём	[ʃirqijɔm]
iogurte (m)	йогурт	[jɔgurt]
creme (m) azedo	қаймок	[qajmok]
creme (m) de leite	қаймоқ	[qajmoq]

| maionese (f) | майонез | [majɔnez] |
| creme (m) | крем | [krem] |

grãos (m pl) de cereais	ярма	[jarma]
farinha (f)	орд	[ord]
enlatados (m pl)	консерв	[konserv]

flocos (m pl) de milho	бадроқи чуворимакка	[badroqi dʒuvorimakka]
mel (m)	асал	[asal]
geleia (m)	чем	[dʒem]
chiclete (m)	сақич, илқ	[saqitʃ], [ilq]

53. Bebidas

água (f)	об	[ob]
água (f) potável	оби нӯшиданӣ	[obi nœʃidani:]
água (f) mineral	оби минералӣ	[obi minerali:]

sem gás (adj)	бе газ	[be gaz]
gaseificada (adj)	газнок	[gaznok]
com gás	газдор	[gazdor]
gelo (m)	ях	[jaχ]
com gelo	бо ях, яхдор	[bo jaχ], [jaχdor]

não alcoólico (adj)	беалкогол	[bealkogol]
refrigerante (m)	нӯшокии беалкогол	[nœʃoki:i bealkogol]
refresco (m)	нӯшокии хунук	[nœʃoki:i χunuk]
limonada (f)	лимонад	[limonad]

bebidas (f pl) alcoólicas	нӯшокиҳои спиртӣ	[nœʃokihoi spirti:]
vinho (m)	шароб, май	[ʃarob], [maj]
vinho (m) branco	маи ангури сафед	[mai anguri safed]
vinho (m) tinto	маи арғувонӣ	[mai arʁuvoni:]

licor (m)	ликёр	[likjɔr]
champanhe (m)	шампан	[ʃampan]
vermute (m)	вермут	[vermut]

uísque (m)	виски	[viski]
vodca (f)	арақ, водка	[araq], [vodka]
gim (m)	чин	[dʒin]
conhaque (m)	коняк	[konjak]
rum (m)	ром	[rom]

café (m)	қаҳва	[qahva]
café (m) preto	қаҳваи сиёҳ	[qahvai sijɔh]
café (m) com leite	ширқаҳва	[ʃirqahva]
cappuccino (m)	капучино	[kaputʃino]
café (m) solúvel	қаҳваи кӯфта	[qahvai kœfta]

leite (m)	шир	[ʃir]
coquetel (m)	коктейл	[koktejl]
batida (f), milkshake (m)	коктейли ширӣ	[koktejli ʃiri:]
suco (m)	шарбат	[ʃarbat]

suco (m) de tomate	шираи помидор	[ʃirai pomidor]
suco (m) de laranja	афшураи афлесун	[afʃurai aflesun]
suco (m) fresco	афшураи тоза тайёршуда	[afʃurai toza tajjɔrʃuda]

cerveja (f)	пиво	[pivo]
cerveja (f) clara	оби чави шафоф	[obi dʒavi ʃafof]
cerveja (f) preta	оби чави торик	[obi dʒavi torik]

chá (m)	чой	[tʃoj]
chá (m) preto	чойи сиёх	[tʃoji sijɔh]
chá (m) verde	чои кабуд	[tʃoi kabud]

54. Vegetais

| vegetais (m pl) | сабзавот | [sabzavot] |
| verdura (f) | сабзавот | [sabzavot] |

tomate (m)	помидор	[pomidor]
pepino (m)	бодиринг	[bodiring]
cenoura (f)	сабзй	[sabzi:]
batata (f)	картошка	[kartoʃka]
cebola (f)	пиёз	[pijɔz]
alho (m)	сир	[sir]

| couve (f) | карам | [karam] |
| couve-flor (f) | гулкарам | [gulkaram] |

| couve-de-bruxelas (f) | карами брусселй | [karami brusseli:] |
| brócolis (m pl) | карами брокколй | [karami brokkoli:] |

beterraba (f)	лаблабу	[lablabu]
berinjela (f)	бодинчон	[bodindʒon]
abobrinha (f)	таррак	[tarrak]

| abóbora (f) | каду | [kadu] |
| nabo (m) | шалғам | [ʃalʁam] |

salsa (f)	чаъфарй	[dʒaˈfari:]
endro, aneto (m)	шибит	[ʃibit]
alface (f)	коху	[kohu]
aipo (m)	карафс	[karafs]

| aspargo (m) | морчўба | [mortʃœba] |
| espinafre (m) | испаноқ | [ispanoq] |

| ervilha (f) | нахўд | [naxœd] |
| feijão (~ soja, etc.) | лўбиё | [lœbijɔ] |

| milho (m) | чуворимакка | [dʒuvorimakka] |
| feijão (m) roxo | лўбиё | [lœbijɔ] |

pimentão (m)	қаламфур	[qalamfur]
rabanete (m)	шалғамча	[ʃalʁamtʃa]
alcachofra (f)	анганор	[anganor]

55. Frutos. Nozes

fruta (f)	мева	[meva]
maçã (f)	себ	[seb]
pera (f)	мурӯд, нок	[murœd], [nok]
limão (m)	лиму	[limu]
laranja (f)	афлесун, пӯртахол	[aflesun], [pœrtaxol]
morango (m)	қулфинай	[qulfinaj]
tangerina (f)	норанг	[norang]
ameixa (f)	олу	[olu]
pêssego (m)	шафтолу	[ʃaftolu]
damasco (m)	дарахти зардолу	[daraxti zardolu]
framboesa (f)	тамашк	[tamaʃk]
abacaxi (m)	ананас	[ananas]
banana (f)	банан	[banan]
melancia (f)	тарбуз	[tarbuz]
uva (f)	ангур	[angur]
ginja (f)	олуболу	[olubolu]
cereja (f)	гелос	[gelos]
toranja (f)	норинч	[norindʒ]
abacate (m)	авокадо	[avokado]
mamão (m)	папайя	[papajja]
manga (f)	анбаҳ	[anbah]
romã (f)	анор	[anor]
groselha (f) vermelha	коти сурх	[koti surx]
groselha (f) negra	қоти сиёҳ	[qoti sijoh]
groselha (f) espinhosa	бектоши	[bektoʃi:]
mirtilo (m)	черника	[tʃernika]
amora (f) silvestre	марминчон	[marmindʒon]
passa (f)	мавиз	[maviz]
figo (m)	анчир	[andʒir]
tâmara (f)	хурмо	[xurmo]
amendoim (m)	финдуки заминӣ	[finduki zamini:]
amêndoa (f)	бодом	[bodom]
noz (f)	чормағз	[tʃormaʁz]
avelã (f)	финдиқ	[findiq]
coco (m)	норгил	[norgil]
pistaches (m pl)	писта	[pista]

56. Pão. Bolaria

pastelaria (f)	маҳсулоти қанноди	[mahsuloti qannodi]
pão (m)	нон	[non]
biscoito (m), bolacha (f)	кулчақанд	[kultʃaqand]
chocolate (m)	шоколад	[ʃokolad]
de chocolate	… и шоколад, шоколадӣ	[i ʃokolad], [ʃokoladi:]

bala (f)	конфет	[konfet]
doce (bolo pequeno)	пирожни	[piroʒni]
bolo (m) de aniversário	торт	[tort]

| torta (f) | пирог | [pirog] |
| recheio (m) | пур кардани, андохтани | [pur kardani], [andoχtani] |

geleia (m)	мураббо	[murabbo]
marmelada (f)	мармалод	[marmalod]
wafers (m pl)	вафлӣ	[vafli:]
sorvete (m)	яхмос	[jaχmos]
pudim (m)	пудинг	[puding]

57. Especiarias

sal (m)	намак	[namak]
salgado (adj)	шӯр	[ʃœr]
salgar (vt)	намак андохтан	[namak andoχtan]

pimenta-do-reino (f)	мурчи сиёҳ	[murʧi sijɔh]
pimenta (f) vermelha	мурчи сурх	[murʧi surχ]
mostarda (f)	хардал	[χardal]
raiz-forte (f)	қаҳзак	[qahzak]

condimento (m)	хӯриш	[χœriʃ]
especiaria (f)	дорувор	[doruvor]
molho (~ inglês)	қайла	[qajla]
vinagre (m)	сирко	[sirko]

anis estrelado (m)	тухми бодиён	[tuχmi bodijɔn]
manjericão (m)	нозбӯй, райҳон	[nozbœj], [rajhon]
cravo (m)	қаланфури гардан	[qalanfuri gardan]
gengibre (m)	занҷабил	[zanʤabil]
coentro (m)	кашнич	[kaʃniʤ]
canela (f)	дорчин, долчин	[dortʃin], [doltʃin]

gergelim (m)	кунҷид	[kunʤid]
folha (f) de louro	барги ғор	[bargi ʁor]
páprica (f)	қаламфур	[qalamfur]
cominho (m)	зира	[zira]
açafrão (m)	заъфарон	[zaʼfaron]

INFORMAÇÃO PESSOAL. FAMÍLIA

58. Informação pessoal. Formulários

nome (m)	ном	[nom]
sobrenome (m)	фамилия	[familija]
data (f) de nascimento	рӯзи таваллуд	[rœzi tavallud]
local (m) de nascimento	ҷойи таваллуд	[dʒoji tavallud]
nacionalidade (f)	миллият	[millijat]
lugar (m) de residência	ҷои истиқомат	[dʒoi istiqomat]
país (m)	кишвар	[kiʃvar]
profissão (f)	касб	[kasb]
sexo (m)	ҷинс	[dʒins]
estatura (f)	қад	[qad]
peso (m)	вазн	[vazn]

59. Membros da família. Parentes

mãe (f)	модар	[modar]
pai (m)	падар	[padar]
filho (m)	писар	[pisar]
filha (f)	духтар	[duχtar]
caçula (f)	духтари хурдй	[duχtari χurdi:]
caçula (m)	писари хурдй	[pisari χurdi:]
filha (f) mais velha	духтари калонй	[duχtari kaloni:]
filho (m) mais velho	писари калонй	[pisari kaloni:]
irmão (m)	бародар	[barodar]
irmão (m) mais velho	ака	[aka]
irmão (m) mais novo	додар	[dodar]
irmã (f)	хоҳар	[χohar]
irmã (f) mais velha	апа	[apa]
irmã (f) mais nova	хоҳари хурд	[χohari χurd]
primo (m)	амакписар (ама-, таго-, хола-)	[amakpisar] ([ama], [taʁo], [χola])
prima (f)	амакдухтар (ама-, таго-, хола-)	[amakduχtar] ([ama], [taʁo], [χola])
mamãe (f)	модар, оча	[modar], [otʃa]
papai (m)	дада	[dada]
pais (pl)	волидайн	[volidajn]
criança (f)	кӯдак	[kœdak]
crianças (f pl)	бачагон, кӯдакон	[batʃagon], [kœdakon]
avó (f)	модаркалон, онакалон	[modarkalon], [onakalon]

avô (m)	бобо	[bobo]
neto (m)	набера	[nabera]
neta (f)	набера	[nabera]
netos (pl)	набераҳо	[naberaho]

tio (m)	тағо, амак	[taʁo], [amak]
tia (f)	хола, амма	[χola], [amma]
sobrinho (m)	чиян	[dʒijan]
sobrinha (f)	чиян	[dʒijan]

sogra (f)	модарарӯс	[modararœs]
sogro (m)	падаршӯй	[padarʃœj]
genro (m)	почо, язна	[potʃo], [jazna]
madrasta (f)	модарандар	[modarandar]
padrasto (m)	падарандар	[padarandar]

criança (f) de colo	бачаи ширмак	[batʃai ʃirmak]
bebê (m)	кӯдаки ширмак	[kœdaki ʃirmak]
menino (m)	писарча, кӯдак	[pisartʃa], [kœdak]

mulher (f)	зан	[zan]
marido (m)	шавҳар, шӯй	[ʃavhar], [ʃœj]
esposo (m)	завч	[zavdʒ]
esposa (f)	завча	[zavdʒa]

casado (adj)	зандор	[zandor]
casada (adj)	шавҳардор	[ʃavhardor]
solteiro (adj)	безан	[bezan]
solteirão (m)	безан	[bezan]
divorciado (adj)	чудошудагӣ	[dʒudoʃudagi:]
viúva (f)	бева, бевазан	[beva], [bevazan]
viúvo (m)	бева, занмурда	[beva], [zanmurda]

parente (m)	хеш	[χeʃ]
parente (m) próximo	хеши наздик	[χeʃi nazdik]
parente (m) distante	хеши дур	[χeʃi dur]
parentes (m pl)	хешу табор	[χeʃu tabor]

órfão (m)	ятимбача	[jatimbatʃa]
órfã (f)	ятимдухтар	[jatimduχtar]
tutor (m)	васӣ	[vasi:]
adotar (um filho)	писар хондан	[pisar χondan]
adotar (uma filha)	духтархонд кардан	[duχtarχond kardan]

60. Amigos. Colegas de trabalho

amigo (m)	дӯст, чӯра	[dœst], [dʒœra]
amiga (f)	дугона	[dugona]
amizade (f)	дӯстӣ, чӯрагӣ	[dœsti:], [dʒœragi:]
ser amigos	дӯстӣ кардан	[dœsti: kardan]

amigo (m)	дуст, рафик	[dust], [rafik]
amiga (f)	шинос	[ʃinos]
parceiro (m)	шарик	[ʃarik]

chefe (m)	сардор	[sardor]
superior (m)	сардор	[sardor]
proprietário (m)	соҳиб	[sohib]
subordinado (m)	зердаст	[zerdast]
colega (m, f)	ҳамкор	[hamkor]
conhecido (m)	шинос, ошно	[ʃinos], [oʃno]
companheiro (m) de viagem	ҳамроҳ	[hamroh]
colega (m) de classe	ҳамсинф	[hamsinf]
vizinho (m)	ҳамсоя	[hamsoja]
vizinha (f)	ҳамсоязан	[hamsojazan]
vizinhos (pl)	ҳамсояҳо	[hamsojaho]

CORPO HUMANO. MEDICINA

61. Cabeça

cabeça (f)	сар	[sar]
rosto, cara (f)	рӯй	[rœj]
nariz (m)	бинй	[bini:]
boca (f)	даҳон	[dahon]

olho (m)	чашм, дида	[ʧaʃm], [dida]
olhos (m pl)	чашмон	[ʧaʃmon]
pupila (f)	гавҳараки чашм	[gavharaki ʧaʃm]
sobrancelha (f)	абрӯ, қош	[abrœ], [qoʃ]
cílio (f)	мижа	[miʒa]
pálpebra (f)	пилкҳои чашм	[pilkhoi ʧaʃm]

língua (f)	забон	[zabon]
dente (m)	дандон	[dandon]
lábios (m pl)	лабҳо	[labho]
maçãs (f pl) do rosto	устухони рухсора	[ustuχoni ruχsora]
gengiva (f)	зираи дандон	[zirai dandon]
palato (m)	ком	[kom]

narinas (f pl)	сурохии бинй	[suroχi:i bini:]
queixo (m)	манаҳ	[manah]
mandíbula (f)	чоғ	[ʤoʁ]
bochecha (f)	рухсор	[ruχsor]

testa (f)	пешона	[peʃona]
têmpora (f)	чакка	[ʧakka]
orelha (f)	гӯш	[gœʃ]
costas (f pl) da cabeça	пушти сар	[puʃti sar]
pescoço (m)	гардан	[gardan]
garganta (f)	гулӯ	[gulœ]

cabelo (m)	мӯйи сар	[mœji sar]
penteado (m)	ороиши мӯйсар	[oroiʃi mœjsar]
corte (m) de cabelo	ороиши мӯйсар	[oroiʃi mœjsar]
peruca (f)	мӯи ориятй	[mœi orijati:]

bigode (m)	муйлаб, бурут	[mujlab], [burut]
barba (f)	риш	[riʃ]
ter (~ barba, etc.)	мондан, доштан	[mondan], [doʃtan]
trança (f)	кокул	[kokul]
suíças (f pl)	риши бари рӯй	[riʃi bari rœj]

ruivo (adj)	сурхмуй	[surχmuj]
grisalho (adj)	сафед	[safed]
careca (adj)	одамсар	[odamsar]
calva (f)	тосии сар	[tosi:i sar]

| rabo-de-cavalo (m) | думча | [dumtʃa] |
| franja (f) | пича | [pitʃa] |

62. Corpo humano

| mão (f) | панчаи даст | [pandʒai dast] |
| braço (m) | даст | [dast] |

dedo (m)	ангушт	[anguʃt]
dedo (m) do pé	чилик, ангушт	[tʃilik], [anguʃt]
polegar (m)	нарангушт	[naranguʃt]
dedo (m) mindinho	ангушти хурд	[anguʃti χurd]
unha (f)	нохун	[noχun]

punho (m)	кулак, мушт	[kulak], [muʃt]
palma (f)	каф	[kaf]
pulso (m)	банди даст	[bandi dast]
antebraço (m)	бозу	[bozu]
cotovelo (m)	оринч	[orindʒ]
ombro (m)	китф	[kitʃ]

perna (f)	по	[po]
pé (m)	панчаи пой	[pandʒai poj]
joelho (m)	зону	[zonu]
panturrilha (f)	соқи по	[soqi po]
quadril (m)	миён	[mijon]
calcanhar (m)	пошна	[poʃna]

corpo (m)	бадан	[badan]
barriga (f), ventre (m)	шикам	[ʃikam]
peito (m)	сина	[sina]
seio (m)	сина, пистон	[sina], [piston]
lado (m)	паҳлу	[pahlu]
costas (dorso)	пушт	[puʃt]
região (f) lombar	камаргоҳ	[kamargoh]
cintura (f)	миён	[mijon]

umbigo (m)	ноф	[nof]
nádegas (f pl)	сурин	[surin]
traseiro (m)	сурин	[surin]

sinal (m), pinta (f)	хол	[χol]
sinal (m) de nascença	хол	[χol]
tatuagem (f)	вашм	[vaʃm]
cicatriz (f)	доғи захм	[doʁi zaχm]

63. Doenças

doença (f)	касалӣ, беморӣ	[kasali:], [bemori:]
estar doente	бемор будан	[bemor budan]
saúde (f)	тандурустӣ, саломатӣ	[tandurusti:], [salomati:]
nariz (m) escorrendo	зуком	[zukom]

amigdalite (f)	дарди гулӯ	[dardi gulœ]
resfriado (m)	шамол хӯрдани	[ʃamol χœrdani]
ficar resfriado	шамол хӯрдан	[ʃamol χœrdan]

bronquite (f)	бронхит	[bronχit]
pneumonia (f)	варами шуш	[varami ʃuʃ]
gripe (f)	грипп	[gripp]

míope (adj)	наздикбин	[nazdikbin]
presbita (adj)	дурбин	[durbin]
estrabismo (m)	олусй	[olusi:]
estrábico, vesgo (adj)	олус	[olus]
catarata (f)	катаракта	[katarakta]
glaucoma (m)	глаукома	[glaukoma]

AVC (m), apoplexia (f)	сактаи майна	[saktai majna]
ataque (m) cardíaco	инфаркт, сактаи дил	[infarkt], [saktai dil]
enfarte (m) do miocárdio	инфаркти миокард	[infarkti miokard]
paralisia (f)	фалач	[faladʒ]
paralisar (vt)	фалач шудан	[faladʒ ʃudan]

alergia (f)	аллергия	[allergija]
asma (f)	астма, зиққи нафас	[astma], [ziqqi nafas]
diabetes (f)	диабет	[diabet]

| dor (f) de dente | дарди дандон | [dardi dandon] |
| cárie (f) | кариес | [karies] |

diarreia (f)	шикамрав	[ʃikamrav]
prisão (f) de ventre	қабзият	[qabzijat]
desarranjo (m) intestinal	вайроншавии меъда	[vajronʃavi:i me'da]
intoxicação (f) alimentar	заҳролудшавӣ	[zahroludʃavi:]
intoxicar-se	заҳролуд шудан	[zahrolud ʃudan]

artrite (f)	артрит	[artrit]
raquitismo (m)	рахит, чиллаашӯр	[raχit], [tʃillaaʃœr]
reumatismo (m)	тарбод	[tarbod]
arteriosclerose (f)	атеросклероз	[ateroskleroz]

gastrite (f)	гастрит	[gastrit]
apendicite (f)	варами кӯррӯда	[varami kœrrœda]
colecistite (f)	холетсистит	[χoletsistit]
úlcera (f)	захм	[zaχm]

sarampo (m)	сурхча, сурхак	[surχtʃa], [surχak]
rubéola (f)	сурхакон	[surχakon]
icterícia (f)	зардча, заъфарма	[zardtʃa], [za'farma]
hepatite (f)	гепатит, қубод	[gepatit], [qubod]

esquizofrenia (f)	мачзубият	[madʒzubijat]
raiva (f)	ҳорй	[hori:]
neurose (f)	невроз, чунун	[nevroz], [tʃunun]
contusão (f) cerebral	зарб хӯрдани майна	[zarb χœrdani majna]

| câncer (m) | саратон | [saraton] |
| esclerose (f) | склероз | [skleroz] |

esclerose (f) múltipla	склерози густаришёфта	[sklerozi gustariʃʃɔfta]
alcoolismo (m)	майзадагй	[majzadagi:]
alcoólico (m)	майзада	[majzada]
sífilis (f)	оташак	[otaʃak]
AIDS (f)	СПИД	[spid]

tumor (m)	варам	[varam]
maligno (adj)	ганда	[ganda]
benigno (adj)	безарар	[bezarar]

febre (f)	табларза, варача	[tablarza], [varadʒa]
malária (f)	варача	[varadʒa]
gangrena (f)	гангрена	[gangrena]
enjoo (m)	касалии бахр	[kasali:i bahr]
epilepsia (f)	саръ	[sar']

epidemia (f)	эпидемия	[ɛpidemija]
tifo (m)	арақа, домана	[araqa], [domana]
tuberculose (f)	сил	[sil]
cólera (f)	вабо	[vabo]
peste (f) bubônica	тоун	[toun]

64. Sintomas. Tratamentos. Parte 1

sintoma (m)	аломат	[alomat]
temperatura (f)	ҳарорат, таб	[harorat], [tab]
febre (f)	ҳарорати баланд	[harorati baland]
pulso (m)	набз	[nabz]

vertigem (f)	саргардй	[sargardi:]
quente (testa, etc.)	гарм	[garm]
calafrio (m)	ларза, варача	[larza], [varadʒa]
pálido (adj)	рангпарида	[rangparida]

tosse (f)	сулфа	[sulfa]
tossir (vi)	сулфидан	[sulfidan]
espirrar (vi)	атса задан	[atsa zadan]
desmaio (m)	беҳушй	[behuʃi:]
desmaiar (vi)	беҳуш шудан	[behuʃ ʃudan]

mancha (f) preta	доғи кабуд, кабудй	[doʁi kabud], [kabudi:]
galo (m)	ғуррй	[ʁurri:]
machucar-se (vr)	зада шудан	[zada ʃudan]
contusão (f)	лат	[lat]
machucar-se (vr)	лату кӯб хӯрдан	[latu kœb xœrdan]

mancar (vi)	лангидан	[langidan]
deslocamento (f)	баромадан	[baromadan]
deslocar (vt)	баровардан	[barovardan]
fratura (f)	шикасти устухон	[ʃikasti ustuxon]
fraturar (vt)	устухон шикастан	[ustuxon ʃikastan]

corte (m)	буриш	[buriʃ]
cortar-se (vr)	буридан	[buridan]

hemorragia (f)	хунравӣ	[xunravi:]
queimadura (f)	сӯхта	[sœxta]
queimar-se (vr)	сӯзондан	[sœzondan]

picar (vt)	халондан	[xalondan]
picar-se (vr)	халидан	[xalidan]
lesionar (vt)	осеб дидан	[oseb didan]
lesão (m)	захм	[zaxm]
ferida (f), ferimento (m)	захм, реш	[zaxm], [reʃ]
trauma (m)	захм	[zaxm]

delirar (vi)	алой гуфтан	[aloi: guftan]
gaguejar (vi)	тутила шудан	[tutila ʃudan]
insolação (f)	офтобзанӣ	[oftobzani:]

65. Sintomas. Tratamentos. Parte 2

dor (f)	дард	[dard]
farpa (no dedo, etc.)	хор, зиреба	[xor], [zireba]

suor (m)	арақ	[araq]
suar (vi)	арақ кардан	[araq kardan]
vômito (m)	қайкунӣ	[qajkuni:]
convulsões (f pl)	рагкашӣ	[ragkaʃi:]

grávida (adj)	ҳомила	[homila]
nascer (vi)	таваллуд шудан	[tavallud ʃudan]
parto (m)	зоиш	[zoiʃ]
dar à luz	зоидан	[zoidan]
aborto (m)	аборт, бачапартой	[abort], [batʃapartoi:]

inspiração (f)	нафасгирӣ	[nafasgiri:]
expiração (f)	нафасбарорӣ	[nafasbarori:]
expirar (vi)	нафас баровардаи	[nafas barovardai]
inspirar (vi)	нафас кашидан	[nafas kaʃidan]

inválido (m)	инвалид	[invalid]
aleijado (m)	маъюб	[ma'jub]
drogado (m)	нашъаманд	[naʃ'amand]

surdo (adj)	кар, гӯшкар	[kar], [gœʃkar]
mudo (adj)	гунг	[gung]
surdo-mudo (adj)	кару гунг	[karu gung]

louco, insano (adj)	девона	[devona]
louco (m)	девона	[devona]
louca (f)	девона	[devona]
ficar louco	аз ақл бегона шудан	[az aql begona ʃudan]

gene (m)	ген	[gen]
imunidade (f)	сироятнопазирӣ	[sirojatnopaziri:]
hereditário (adj)	меросӣ, ирсӣ	[merosi:], [irsi:]
congênito (adj)	модарзод	[modarzod]
vírus (m)	вирус	[virus]

micróbio (m)	микроб	[mikrob]
bactéria (f)	бактерия	[bakterija]
infecção (f)	сироят	[sirojat]

66. Sintomas. Tratamentos. Parte 3

hospital (m)	касалхона	[kasalχona]
paciente (m)	бемор	[bemor]
diagnóstico (m)	ташхиси касалй	[taʃχisi kasali:]
cura (f)	муолиҷа	[muolidʒa]
tratamento (m) médico	табобат	[tabobat]
curar-se (vr)	табобат гирифтан	[tabobat giriftan]
tratar (vt)	табобат кардан	[tabobat kardan]
cuidar (pessoa)	нигоҳубин кардан	[nigohubin kardan]
cuidado (m)	нигоҳубин	[nigohubin]
operação (f)	ҷаррохи	[dʒarrohi]
enfaixar (vt)	бо бандина бастан	[bo bandina bastan]
enfaixamento (m)	ҷароҳатбандй	[dʒarohatbandi:]
vacinação (f)	доругузаронй	[doruguzaroni:]
vacinar (vt)	эмгузаронй кардан	[ɛmguzaroni: kardan]
injeção (f)	сӯзанзанй	[sœzanzani:]
dar uma injeção	сӯзандору кардан	[sœzandoru kardan]
ataque (~ de asma, etc.)	хуруч	[χurudʒ]
amputação (f)	ампутатсия	[amputatsija]
amputar (vt)	ампутатсия кардан	[amputatsija kardan]
coma (f)	кома, игмо	[koma], [igmo]
estar em coma	дар кома будан	[dar koma budan]
reanimação (f)	шӯъбаи эҷё	[ʃœ'bai ɛhjɔ]
recuperar-se (vr)	сихат шудан	[sihat ʃudan]
estado (~ de saúde)	аҳвол	[ahvol]
consciência (perder a ~)	ҳуш	[huʃ]
memória (f)	ҳофиза	[hofiza]
tirar (vt)	кандан	[kandan]
obturação (f)	пломба	[plomba]
obturar (vt)	пломба занондан	[plomba zanondan]
hipnose (f)	гипноз	[gipnoz]
hipnotizar (vt)	гипноз кардан	[gipnoz kardan]

67. Medicina. Drogas. Acessórios

medicamento (m)	дору	[doru]
remédio (m)	дору	[doru]
receitar (vt)	таъйин кардан	[ta'jin kardan]
receita (f)	нусхаи даво	[nusχai davo]
comprimido (m)	ҳаб	[hab]

unguento (m)	мархам	[marham]
ampola (f)	ампул	[ampul]
solução, preparado (m)	доруи обакӣ	[dorui obaki:]
xarope (m)	сироп	[sirop]
cápsula (f)	ҳаб	[hab]
pó (m)	хока	[χoka]
atadura (f)	дока	[doka]
algodão (m)	пахта	[paχta]
iodo (m)	йод	[jɔd]
curativo (m) adesivo	лейкопластир	[lejkoplastir]
conta-gotas (m)	қатрачакон	[qatratʃakon]
termômetro (m)	ҳароратсанч	[haroratsandʒ]
seringa (f)	обдуздак	[obduzdak]
cadeira (f) de rodas	аробачаи маъюбӣ	[arobatʃai ma'jubi:]
muletas (f pl)	бағаласо	[baʁalaso]
analgésico (m)	доруи дард	[dorui dard]
laxante (m)	мусҳил	[mushil]
álcool (m)	спирт	[spirt]
ervas (f pl) medicinais	растаниҳои доругӣ	[rastanihoi dorugi:]
de ervas (chá ~)	... и алаф	[i alaf]

APARTAMENTO

68. Apartamento

apartamento (m)	манзил	[manzil]
quarto, cômodo (m)	хона, ӯтоқ	[χona], [œtoq]
quarto (m) de dormir	хонаи хоб	[χonai χob]
sala (f) de jantar	хонаи хӯрокхӯрӣ	[χonai χœrokχœri:]
sala (f) de estar	меҳмонхона	[mehmonχona]
escritório (m)	уток	[utoq]
sala (f) de entrada	мадхал, даҳлез	[madχal], [dahlez]
banheiro (m)	ваннахона	[vannaχona]
lavabo (m)	ҳоҷатхона	[hoʤatχona]
teto (m)	шифт	[ʃift]
chão, piso (m)	фарш	[farʃ]
canto (m)	кунч	[kunʤ]

69. Mobiliário. Interior

mobiliário (m)	мебел	[mebel]
mesa (f)	миз	[miz]
cadeira (f)	курсӣ	[kursi:]
cama (f)	кат	[kat]
sofá, divã (m)	диван	[divan]
poltrona (f)	курсӣ	[kursi:]
estante (f)	чевони китобмонӣ	[ʤevoni kitobmoni:]
prateleira (f)	раф, рафча	[raf], [raftʃa]
guarda-roupas (m)	чевони либос	[ʤevoni libos]
cabide (m) de parede	либосовезак	[libosovezak]
cabideiro (m) de pé	либосовезак	[libosovezak]
cômoda (f)	чевон	[ʤevon]
mesinha (f) de centro	мизи қаҳва	[mizi qahva]
espelho (m)	оина	[oina]
tapete (m)	гилем, қолин	[gilem], [qolin]
tapete (m) pequeno	гилемча	[gilemtʃa]
lareira (f)	оташдон	[otaʃdon]
vela (f)	шамъ	[ʃam']
castiçal (m)	шамъдон	[ʃam'don]
cortinas (f pl)	парда	[parda]
papel (m) de parede	зардеворӣ	[zardevori:]

persianas (f pl)	жалюзи	[ʒaljuzi]
luminária (f) de mesa	чароғи мизй	[tʃaroʁi mizi:]
luminária (f) de parede	чароғак	[tʃaroʁak]
abajur (m) de pé	торшер	[torʃer]
lustre (m)	қандил	[qandil]

pé (de mesa, etc.)	поя	[poja]
braço, descanso (m)	оринҷмонаки курсй	[orindʒmonaki kursi:]
costas (f pl)	пуштаки курсй	[puʃtaki kursi:]
gaveta (f)	ғаладон	[ʁaladon]

70. Quarto de dormir

roupa (f) de cama	чилдхои болишту бистар	[dʒildhoi boliʃtu bistar]
travesseiro (m)	болишт	[boliʃt]
fronha (f)	чилди болишт	[dʒildi boliʃt]
cobertor (m)	кӯрпа	[kœrpa]
lençol (m)	чойпӯш	[dʒojpœʃ]
colcha (f)	болопӯш	[bolopœʃ]

71. Cozinha

cozinha (f)	ошхона	[oʃχona]
gás (m)	газ	[gaz]
fogão (m) a gás	плитаи газ	[plitai gaz]
fogão (m) elétrico	плитаи электрикй	[plitai ɛlektriki:]
forno (m) de micro-ondas	микроволновка	[mikrovolnovka]

geladeira (f)	яхдон	[jaχdon]
congelador (m)	яхдон	[jaχdon]
máquina (f) de lavar louça	мошини зарфшӯй	[moʃini zarfʃœj]

moedor (m) de carne	мошини гӯшткӯбй	[moʃini gœʃtkœbi:]
espremedor (m)	шарбатафшурак	[ʃarbatafʃurak]
torradeira (f)	тостер	[toster]
batedeira (f)	миксер	[mikser]

máquina (f) de café	қаҳвачӯшонак	[qahvadʒœʃonak]
cafeteira (f)	зарфи қаҳвачӯшонй	[zarfi qahvadʒœʃoni:]
moedor (m) de café	дастоси қаҳва	[dastosi qahva]

chaleira (f)	чойник	[tʃojnik]
bule (m)	чойник	[tʃojnik]
tampa (f)	сарпӯш	[sarpœʃ]
coador (m) de chá	ғалберча	[ʁalbertʃa]

colher (f)	қошуқ	[qoʃuq]
colher (f) de chá	чойкошук	[tʃojkoʃuk]
colher (f) de sopa	қошуқи ошхӯрй	[qoʃuqi oʃχœri:]
garfo (m)	чангча, чангол	[tʃangtʃa], [tʃangol]
faca (f)	корд	[kord]
louça (f)	табақ	[tabaq]

prato (m)	тақсимча	[taqsimʧa]
pires (m)	тақсимӣ, тақсимича	[taqsimi:], [taqsimiʧa]
cálice (m)	рюмка	[rjumka]
copo (m)	стакан	[stakan]
xícara (f)	косача	[kosaʧa]
açucareiro (m)	шакардон	[ʃakardon]
saleiro (m)	намакдон	[namakdon]
pimenteiro (m)	қаламфурдон	[qalamfurdon]
manteigueira (f)	равғандон	[ravʁandon]
panela (f)	дегча	[degʧa]
frigideira (f)	тоба	[toba]
concha (f)	кафлез, обгардон, сархумӣ	[kaflez], [obgardon], [sarχumi:]
bandeja (f)	лаълӣ	[la'li:]
garrafa (f)	шиша, суроҳӣ	[ʃiʃa], [surohi:]
pote (m) de vidro	банкаи шишагӣ	[bankai ʃʃagi:]
lata (~ de cerveja)	банкаи тунукагӣ	[bankai tunukagi:]
abridor (m) de garrafa	саркушояк	[sarkuʃojak]
abridor (m) de latas	саркушояк	[sarkuʃojak]
saca-rolhas (m)	пӯккашак	[pœkkaʃak]
filtro (m)	филтр	[filtr]
filtrar (vt)	полоидан	[poloidan]
lixo (m)	ахлот	[aχlot]
lixeira (f)	сатили ахлот	[satili aχlot]

72. Casa de banho

banheiro (m)	ваннахона	[vannaχona]
água (f)	об	[ob]
torneira (f)	чуммак, мил	[ʤummak], [mil]
água (f) quente	оби гарм	[obi garm]
água (f) fria	оби сард	[obi sard]
pasta (f) de dente	хамираи дандон	[χamirai dandon]
escovar os dentes	дандон шустан	[dandon ʃustan]
escova (f) de dente	чӯткаи дандоншӯй	[ʧœtkai dandonʃœi:]
barbear-se (vr)	риш гирифтан	[riʃ giriftan]
espuma (f) de barbear	кафки ришгирӣ	[kafki riʃgiri:]
gilete (f)	ришгирак	[riʃgirak]
lavar (vt)	шустан	[ʃustan]
tomar banho	шустушӯ кардан	[ʃustuʃœ kardan]
tomar uma ducha	ба душ даромадан	[ba duʃ daromadan]
banheira (f)	ванна	[vanna]
vaso (m) sanitário	нишастгоҳи халоҷо	[niʃastgohi χaloʤo]
pia (f)	дастшӯяк	[dastʃœjak]

sabonete (m)	собун	[sobun]
saboneteira (f)	собундон	[sobundon]

esponja (f)	исфанч	[isfandʒ]
xampu (m)	шампун	[ʃampun]
toalha (f)	сачоқ	[satʃoq]
roupão (m) de banho	халат	[χalat]

lavagem (f)	чомашӯӣ	[dʒomaʃœi:]
lavadora (f) de roupas	мошини чомашӯӣ	[moʃini dʒomaʃœi:]
lavar a roupa	чомашӯӣ кардан	[dʒomaʃœi: kardan]
detergente (m)	хокаи чомашӯӣ	[χokai dʒomaʃœi:]

73. Eletrodomésticos

televisor (m)	телевизор	[televizor]
gravador (m)	магнитафон	[magnitafon]
videogravador (m)	видеомагнитафон	[videomagnitafon]
rádio (m)	радио	[radio]
leitor (m)	плеер	[pleer]

projetor (m)	видеопроектор	[videoproektor]
cinema (m) em casa	кинотеатри хонагӣ	[kinoteatri χonagi:]
DVD Player (m)	DVD-монак	[ɛøɛ-monak]
amplificador (m)	қувватафзо	[quvvatafzo]
console (f) de jogos	плейстейшн	[plejstejʃn]

câmera (f) de vídeo	видеокамера	[videokamera]
máquina (f) fotográfica	фотоаппарат	[fotoapparat]
câmera (f) digital	суратгираки рақамӣ	[suratgiraki raqami:]

aspirador (m)	чангкашак	[tʃangkaʃak]
ferro (m) de passar	дарзмол	[darzmol]
tábua (f) de passar	тахтаи дарзмолкунӣ	[taχtai darzmolkuni:]

telefone (m)	телефон	[telefon]
celular (m)	телефони мобилӣ	[telefoni mobili:]
máquina (f) de escrever	мошинаи хатнависӣ	[moʃinai χatnavisi:]
máquina (f) de costura	мошинаи чокдӯзӣ	[moʃinai tʃokdœzi:]

microfone (m)	микрофон	[mikrofon]
fone (m) de ouvido	гӯшак, гӯшпӯшак	[gœʃak], [gœʃpœʃak]
controle remoto (m)	пулт	[pult]

CD (m)	компакт-диск	[kompakt-disk]
fita (f) cassete	кассета	[kasseta]
disco (m) de vinil	пластинка	[plastinka]

A TERRA. TEMPO

74. Espaço sideral

espaço, cosmo (m)	кайҳон	[kajhon]
espacial, cósmico (adj)	... и кайҳон	[i kajhon]
espaço (m) cósmico	фазои кайҳон	[fazoi kajhon]
mundo (m)	чаҳон	[dʒahon]
universo (m)	коинот	[koinot]
galáxia (f)	галактика	[galaktika]
estrela (f)	ситора	[sitora]
constelação (f)	бурч	[burdʒ]
planeta (m)	сайёра	[sajjɔra]
satélite (m)	радиф	[radif]
meteorito (m)	метеорит, шиҳобпора	[meteorit], [ʃihobpora]
cometa (m)	ситораи думдор	[sitorai dumdor]
asteroide (m)	астероид	[asteroid]
órbita (f)	мадор	[mador]
girar (vi)	давр задан	[davr zadan]
atmosfera (f)	атмосфера	[atmosfera]
Sol (m)	Офтоб	[oftob]
Sistema (m) Solar	манзумаи шамсӣ	[manzumai ʃamsi:]
eclipse (m) solar	гирифтани офтоб	[giriftani oftob]
Terra (f)	Замин	[zamin]
Lua (f)	Моҳ	[moh]
Marte (m)	Миррих	[mirriχ]
Vênus (f)	Зӯҳра, Ноҳид	[zœhra], [nohid]
Júpiter (m)	Муштарӣ	[muʃtari:]
Saturno (m)	Кайвон	[kajvon]
Mercúrio (m)	Уторид	[utorid]
Urano (m)	Уран	[uran]
Netuno (m)	Нептун	[neptun]
Plutão (m)	Плутон	[pluton]
Via Láctea (f)	Роҳи Каҳкашон	[rohi kahkaʃon]
Ursa Maior (f)	Дубби Акбар	[dubbi akbar]
Estrela Polar (f)	Ситораи қутбӣ	[sitorai qutbi:]
marciano (m)	миррихӣ	[mirriχi:]
extraterrestre (m)	инопланетянхо	[inoplanetjanho]
alienígena (m)	махлуқи кайҳонӣ	[maχluqi: kajhoni:]
disco (m) voador	табақи парвозкунанда	[tabaqi parvozkunanda]
espaçonave (f)	киштии кайҳонӣ	[kiʃti:i kajhoni:]

estação (f) orbital	стантсияи мадорй	[stantsijai madori:]
lançamento (m)	огоз	[oʁoz]
motor (m)	муҳаррик	[muharrik]
bocal (m)	сопло	[soplo]
combustível (m)	сӯзишворй	[sœziʃvori:]
cabine (f)	кабина	[kabina]
antena (f)	антенна	[antenna]
vigia (f)	иллюминатор	[illjuminator]
bateria (f) solar	батареи офтобй	[batarei oftobi:]
traje (m) espacial	скафандр	[skafandr]
imponderabilidade (f)	бевазнй	[bevazni:]
oxigênio (m)	оксиген	[oksigen]
acoplagem (f)	пайваст	[pajvast]
fazer uma acoplagem	пайваст кардан	[pajvast kardan]
observatório (m)	расадхона	[rasadχona]
telescópio (m)	телескоп	[teleskop]
observar (vt)	мушоҳида кардан	[muʃohida kardan]
explorar (vt)	таҳқиқ кардан	[tahqiq kardan]

75. A Terra

Terra (f)	Замин	[zamin]
globo terrestre (Terra)	кураи замин	[kurai zamin]
planeta (m)	сайёра	[sajjɔra]
atmosfera (f)	атмосфера	[atmosfera]
geografia (f)	география	[geografija]
natureza (f)	табиат	[tabiat]
globo (mapa esférico)	глобус	[globus]
mapa (m)	харита	[χarita]
atlas (m)	атлас	[atlas]
Ásia (f)	Осиё	[osijɔ]
África (f)	Африқо	[afriqɔ]
Austrália (f)	Австралия	[avstralija]
América (f)	Америка	[amerika]
América (f) do Norte	Америкаи Шимолй	[amerikai ʃimoli:]
América (f) do Sul	Америкаи Ҷанубй	[amerikai dʒanubi:]
Antártida (f)	Антарктида	[antarktida]
Ártico (m)	Арктика	[arktika]

76. Pontos cardeais

norte (m)	шимол	[ʃimol]
para norte	ба шимол	[ba ʃimol]

no norte	дар шимол	[dar ʃimol]
do norte (adj)	шимолӣ, ... и шимол	[ʃimoli:], [i ʃimol]
sul (m)	ҷануб	[dʒanub]
para sul	ба ҷануб	[ba dʒanub]
no sul	дар ҷануб	[dar dʒanub]
do sul (adj)	ҷанубӣ, ... и ҷануб	[dʒanubi:], [i dʒanub]
oeste, ocidente (m)	ғарб	[ʁarb]
para oeste	ба ғарб	[ba ʁarb]
no oeste	дар ғарб	[dar ʁarb]
ocidental (adj)	ғарбӣ, ... и ғарб	[ʁarbi:], [i ʁarb]
leste, oriente (m)	шарқ	[ʃarq]
para leste	ба шарқ	[ba ʃarq]
no leste	дар шарқ	[dar ʃarq]
oriental (adj)	шарқӣ	[ʃarqi:]

77. Mar. Oceano

mar (m)	баҳр	[bahr]
oceano (m)	уқёнус	[uqjɔnus]
golfo (m)	халич	[χalidʒ]
estreito (m)	гулӯгоҳ	[gulœgoh]
terra (f) firme	хушкӣ, замин	[χuʃki:], [zamin]
continente (m)	материк, қитъа	[materik], [qit'a]
ilha (f)	ҷазира	[dʒazira]
península (f)	нимҷазира	[nimdʒazira]
arquipélago (m)	галаҷазира	[galadʒazira]
baía (f)	халич	[χalidʒ]
porto (m)	бандар	[bandar]
lagoa (f)	лагуна	[laguna]
cabo (m)	димоға	[dimoʁa]
atol (m)	атолл	[atoll]
recife (m)	харсанги зериобӣ	[χarsangi zeriobi:]
coral (m)	марчон	[mardʒon]
recife (m) de coral	обсанги марчонӣ	[obsangi mardʒoni:]
profundo (adj)	чуқур	[tʃuqur]
profundidade (f)	чуқурӣ	[tʃuquri:]
abismo (m)	қаър	[qa'r]
fossa (f) oceânica	чуқурӣ	[tʃuquri:]
corrente (f)	ҷараён	[dʒarajɔn]
banhar (vt)	шустан	[ʃustan]
litoral (m)	соҳил, соҳили баҳр	[sohil], [sohili bahr]
costa (f)	соҳил	[sohil]
maré (f) alta	мадд	[madd]
refluxo (m)	ҷазр	[dʒazr]

restinga (f)	пастоб	[pastob]
fundo (m)	қаър	[qa'r]

onda (f)	мавҷ	[mavdʒ]
crista (f) da onda	теғаи мавҷ	[teʁai mavdʒ]
espuma (f)	кафк	[kafk]

tempestade (f)	тӯфон, бӯрои	[tœfon], [bœroi]
furacão (m)	тундбод	[tundbod]
tsunami (m)	сунами	[sunami]
calmaria (f)	сукунати ҳаво	[sukunati havo]
calmo (adj)	ором	[orom]

polo (m)	қутб	[qutb]
polar (adj)	қутбӣ	[qutbi:]

latitude (f)	арз	[arz]
longitude (f)	тӯл	[tœl]
paralela (f)	параллел	[parallel]
equador (m)	хати истиво	[χati istivo]

céu (m)	осмон	[osmon]
horizonte (m)	уфуқ	[ufuq]
ar (m)	ҳаво	[havo]

farol (m)	мино	[mino]
mergulhar (vi)	ғӯта задан	[ʁœta zadan]
afundar-se (vr)	ғарқ шудан	[ʁarq ʃudan]
tesouros (m pl)	ганҷ	[gandʒ]

78. Nomes de Mares e Oceanos

Oceano (m) Atlântico	Уқёнуси Атлантик	[uqjɔnusi atlantik]
Oceano (m) Índico	Уқёнуси Ҳинд	[uqjɔnusi hind]
Oceano (m) Pacífico	Уқёнуси Ором	[uqjɔnusi orom]
Oceano (m) Ártico	Уқёнуси яхбастаи шимолӣ	[uqjɔnusi jaχbastai ʃimoli:]

Mar (m) Negro	Баҳри Сиёҳ	[bahri sijɔh]
Mar (m) Vermelho	Баҳри Сурх	[bahri surχ]
Mar (m) Amarelo	Баҳри Зард	[bahri zard]
Mar (m) Branco	Баҳри Сафед	[bahri safed]

Mar (m) Cáspio	Баҳри Хазар	[bahri χazar]
Mar (m) Morto	Баҳри Майит	[bahri majit]
Mar (m) Mediterrâneo	Баҳри Миёназамин	[bahri mijɔnazamin]

Mar (m) Egeu	Баҳри Эгей	[bahri ɛgej]
Mar (m) Adriático	Баҳри Адриатика	[bahri adriatika]

Mar (m) Arábico	Баҳри Араби	[bahri aravi]
Mar (m) do Japão	Баҳри Чопон	[bahri dʒopon]
Mar (m) de Bering	Баҳри Беринг	[bahri bering]
Mar (m) da China Meridional	Баҳри Хитойи Ҷанубӣ	[bahri χitoji dʒanubi:]
Mar (m) de Coral	Баҳри Марҷон	[bahri mardʒon]

Mar (m) de Tasman	Баҳри Тасман	[bahri tasman]
Mar (m) do Caribe	Баҳри Кариб	[bahri karib]
Mar (m) de Barents	Баҳри Баренс	[bahri barens]
Mar (m) de Kara	Баҳри Кара	[bahri kara]
Mar (m) do Norte	Баҳри Шимолй	[bahri ʃimoli:]
Mar (m) Báltico	Баҳри Балтика	[bahri baltika]
Mar (m) da Noruega	Баҳри Норвегия	[bahri norvegija]

79. Montanhas

montanha (f)	кӯҳ	[kœh]
cordilheira (f)	силсилакӯҳ	[silsilakœh]
serra (f)	қаторкӯҳ	[qatorkœh]
cume (m)	кулла	[kulla]
pico (m)	қулла	[qulla]
pé (m)	доманаи кӯҳ	[domanai kœh]
declive (m)	нишебй	[niʃebi:]
vulcão (m)	вулқон	[vulqon]
vulcão (m) ativo	вулқони амалкунанда	[vulqoni amalkunanda]
vulcão (m) extinto	вулқони хомӯшшуда	[vulqoni χomœʃʃuda]
erupção (f)	оташфишонй	[otaʃfiʃoni:]
cratera (f)	танӯра	[tanœra]
magma (m)	магма, тафта	[magma], [tafta]
lava (f)	гудоза	[gudoza]
fundido (lava ~a)	тафта	[tafta]
cânion, desfiladeiro (m)	оббурда, дара	[obburda], [dara]
garganta (f)	дара	[dara]
fenda (f)	тангно	[tangno]
precipício (m)	партгоҳ	[partgoh]
passo, colo (m)	ағба	[aʁba]
planalto (m)	пуштаи кӯҳ	[puʃtai kœh]
falésia (f)	шух	[ʃuχ]
colina (f)	теппа	[teppa]
geleira (f)	пирях	[pirjaχ]
cachoeira (f)	шаршара	[ʃarʃara]
gêiser (m)	гейзер	[gejzer]
lago (m)	кул	[kul]
planície (f)	ҳамворй	[hamvori:]
paisagem (f)	манзара	[manzara]
eco (m)	акси садо	[aksi sado]
alpinista (m)	кӯҳнавард	[kœhnavard]
escalador (m)	шухпаймо	[ʃuχpajmo]
conquistar (vt)	фатҳ кардан	[fath kardan]
subida, escalada (f)	болобаройй	[bolobaroi:]

80. Nomes de montanhas

Alpes (m pl)	Кӯҳҳои Алп	[kœhhoi alp]
Monte Branco (m)	Монблан	[monblan]
Pirineus (m pl)	Кӯҳҳои Пиреней	[kœhhoi pirenej]
Cárpatos (m pl)	Кӯҳҳои Карпат	[kœhhoi karpat]
Urais (m pl)	Кӯҳҳои Урал	[kœhhoi ural]
Cáucaso (m)	Кӯҳҳои Кавказ	[kœhhoi kavkaz]
Elbrus (m)	Елбруз	[elbruz]
Altai (m)	Алтай	[altaj]
Tian Shan (m)	Тиёншон	[tijɔnʃon]
Pamir (m)	Кӯҳҳои Помир	[kœhhoi pomir]
Himalaia (m)	Ҳимолой	[himoloj]
monte Everest (m)	Эверест	[ɛverest]
Cordilheira (f) dos Andes	Кӯҳҳои Анд	[kœhhoi and]
Kilimanjaro (m)	Килиманчаро	[kilimandʒaro]

81. Rios

rio (m)	дарё	[darjɔ]
fonte, nascente (f)	чашма	[ʧaʃma]
leito (m) de rio	мачрои дарё	[madʒroi darjɔ]
bacia (f)	ҳавза	[havza]
desaguar no …	рехтан ба …	[reχtan ba]
afluente (m)	шохоб	[ʃoχob]
margem (do rio)	сохил	[sohil]
corrente (f)	чараён	[dʒarajon]
rio abaixo	мувофиқи рафти об	[muvofiqi rafti ob]
rio acima	муқобили самти об	[muqobili samti ob]
inundação (f)	обхезӣ	[obχezi:]
cheia (f)	обхез	[obχez]
transbordar (vi)	дамидан	[damidan]
inundar (vt)	зер кардан	[zer kardan]
banco (m) de areia	тунукоба	[tunukoba]
corredeira (f)	мавчрез	[mavdʒrez]
barragem (f)	сарбанд	[sarband]
canal (m)	канал	[kanal]
reservatório (m) de água	обанбор	[obanbor]
eclusa (f)	шлюз	[ʃljuz]
corpo (m) de água	обанбор	[obanbor]
pântano (m)	ботлоқ, ботқоқ	[botloq], [botqoq]
lamaçal (m)	ботлоқ	[botloq]
redemoinho (m)	гирдоб	[girdob]
riacho (m)	чӯй	[dʒœj]

| potável (adj) | нӯшиданй | [nœʃidani:] |
| doce (água) | ширин | [ʃirin] |

| gelo (m) | ях | [jaχ] |
| congelar-se (vr) | ях бастан | [jaχ bastan] |

82. Nomes de rios

| rio Sena (m) | Сена | [sena] |
| rio Loire (m) | Луара | [luara] |

rio Tâmisa (m)	Темза	[temza]
rio Reno (m)	Рейн	[rejn]
rio Danúbio (m)	Дунай	[dunaj]

rio Volga (m)	Волга	[volga]
rio Don (m)	Дон	[don]
rio Lena (m)	Лена	[lena]

rio Amarelo (m)	Хуанхе	[χuanχe]
rio Yangtzé (m)	Янсзи	[janszi]
rio Mekong (m)	Меконг	[mekong]
rio Ganges (m)	Ганга	[ganga]

rio Nilo (m)	Нил	[nil]
rio Congo (m)	Конго	[kongo]
rio Cubango (m)	Окаванго	[okavango]
rio Zambeze (m)	Замбези	[zambezi]
rio Limpopo (m)	Лимпопо	[limpopo]
rio Mississippi (m)	Миссисипи	[missisipi]

83. Floresta

| floresta (f), bosque (m) | ҷангал | [dʒangal] |
| florestal (adj) | ҷангалй | [dʒangali:] |

mata (f) fechada	ҷангалзор	[dʒangalzor]
arvoredo (m)	дарахтзор	[daraχtzor]
clareira (f)	чаман	[ʧaman]

| matagal (m) | буттазор | [buttazor] |
| mato (m), caatinga (f) | буттазор | [buttazor] |

| pequena trilha (f) | пайраҳа | [pajraha] |
| ravina (f) | оббурда | [obburda] |

árvore (f)	дарахт	[daraχt]
folha (f)	барг	[barg]
folhagem (f)	баргҳои дарахт	[barghoi daraχt]

| queda (f) das folhas | баргрезй | [bargrezi:] |
| cair (vi) | рехтан | [reχtan] |

topo (m)	нӯг	[nœg]
ramo (m)	шох, шохча	[ʃoχ], [ʃoχtʃa]
galho (m)	шохи дарахг	[ʃoχi daraχg]
botão (m)	муғча	[muʁdʒa]
agulha (f)	сӯзан	[sœzan]
pinha (f)	чалғӯза	[dʒalʁœza]

buraco (m) de árvore	сӯрохи дарахт	[sœroχi daraχt]
ninho (m)	ошёна, лона	[oʃjona], [lona]
toca (f)	хона	[χona]

tronco (m)	тана	[tana]
raiz (f)	реша	[reʃa]
casca (f) de árvore	пӯсти дарахт	[pœsti daraχt]
musgo (m)	ушна	[uʃna]

arrancar pela raiz	реша кофтан	[reʃa koftan]
cortar (vt)	зада буридан	[zada buridan]
desflorestar (vt)	бурида нест кардан	[burida nest kardan]
toco, cepo (m)	кундаи дарахт	[kundai daraχt]

fogueira (f)	гулхан	[gulχan]
incêndio (m) florestal	сӯхтор, оташ	[sœχtor], [otaʃ]
apagar (vt)	хомӯш кардан	[χomœʃ kardan]

guarda-parque (m)	чангалбон	[dʒangalbon]
proteção (f)	нигоҳбонӣ	[nigohboni:]
proteger (a natureza)	нигоҳбонӣ кардан	[nigohboni: kardan]
caçador (m) furtivo	қӯруқшикан	[qœruqʃikan]
armadilha (f)	қапқон, дом	[qapqon], [dom]

colher (cogumelos, bagas)	чидан	[tʃidan]
perder-se (vr)	роҳ гум кардан	[roh gum kardan]

84. Recursos naturais

recursos (m pl) naturais	захираҳои табий	[zaχirahoi tabi:i:]
minerais (m pl)	маъданҳои фоиданок	[ma'danhoi foidanok]
depósitos (m pl)	кон, маъдаи	[kon], [ma'dai]
jazida (f)	кон	[kon]

extrair (vt)	кандан	[kandan]
extração (f)	канданӣ	[kandani:]
minério (m)	маъдан	[ma'dan]
mina (f)	кон	[kon]
poço (m) de mina	чоҳ	[tʃoh]
mineiro (m)	конкан	[konkan]

gás (m)	газ	[gaz]
gasoduto (m)	қубури газ	[quburi gaz]

petróleo (m)	нефт	[neft]
oleoduto (m)	қубури нефт	[quburi neft]
poço (m) de petróleo	чоҳи нафт	[tʃohi naft]

torre (f) petrolífera	бурчи нафткашй	[burdʒi naftkaʃi:]
petroleiro (m)	танкер	[tanker]
areia (f)	рег	[reg]
calcário (m)	оҳаксанг	[ohaksang]
cascalho (m)	сангреза, шағал	[sangreza], [ʃaʁal]
turfa (f)	торф	[torʃ]
argila (f)	гил	[gil]
carvão (m)	ангишт	[angiʃt]
ferro (m)	оҳан	[ohan]
ouro (m)	зар, тилло	[zar], [tillo]
prata (f)	нуқра	[nuqra]
níquel (m)	никел	[nikel]
cobre (m)	мис	[mis]
zinco (m)	руҳ	[ruh]
manganês (m)	манган	[mangan]
mercúrio (m)	симоб	[simob]
chumbo (m)	сурб	[surb]
mineral (m)	минерал, маъдан	[mineral], [ma'dan]
cristal (m)	булӯр, шӯша	[bulœr], [ʃœʃa]
mármore (m)	мармар	[marmar]
urânio (m)	уран	[uran]

85. Tempo

tempo (m)	обу ҳаво	[obu havo]
previsão (f) do tempo	пешгӯии ҳаво	[peʃgœi:i havo]
temperatura (f)	ҳарорат	[harorat]
termômetro (m)	ҳароратсанҷ	[haroratsandʒ]
barômetro (m)	барометр, ҳавосанҷ	[barometr], [havosandʒ]
úmido (adj)	намнок	[namnok]
umidade (f)	намй, рутубат	[nami:], [rutubat]
calor (m)	гармй	[garmi:]
tórrido (adj)	тафсон	[tafson]
está muito calor	ҳаво тафсон аст	[havo tafson ast]
está calor	ҳаво гарм аст	[havo garm ast]
quente (morno)	гарм	[garm]
está frio	ҳаво сард аст	[havo sard ast]
frio (adj)	хунук, сард	[χunuk], [sard]
sol (m)	офтоб	[oftob]
brilhar (vi)	тобидан	[tobidan]
de sol, ensolarado	… и офтоб	[i oftob]
nascer (vi)	баромадан	[baromadan]
pôr-se (vr)	паст шудан	[past ʃudan]
nuvem (f)	абр	[abr]
nublado (adj)	… и абр, абрй	[i abr], [abri:]

nuvem (f) preta	абри сиёх	[abri sijɔh]
escuro, cinzento (adj)	абрнок	[abrnok]

chuva (f)	борон	[boron]
está a chover	борон меборад	[boron meborad]
chuvoso (adj)	серборон	[serboron]
chuviscar (vi)	сим-сим боридан	[sim-sim boridan]

chuva (f) torrencial	борони сахт	[boroni saχt]
aguaceiro (m)	борони сел	[boroni sel]
forte (chuva, etc.)	сахт	[saχt]
poça (f)	кӯлмак	[kœlmak]
molhar-se (vr)	шилтик шудан	[ʃiltiq ʃudan]

nevoeiro (m)	туман	[tuman]
de nevoeiro	… и туман	[i tuman]
neve (f)	барф	[barf]
está nevando	барф меборад	[barf meborad]

86. Tempo extremo. Catástrofes naturais

trovoada (f)	раъду барк	[ra'du bark]
relâmpago (m)	барк	[barq]
relampejar (vi)	дурахшидан	[duraχʃidan]

trovão (m)	тундар	[tundar]
trovejar (vi)	гулдуррос задан	[guldurros zadan]
está trovejando	раъд гулдуррос мезанад	[ra'd guldurros mezanad]

granizo (m)	жола	[ʒola]
está caindo granizo	жола меборад	[ʒola meborad]

inundar (vt)	зер кардан	[zer kardan]
inundação (f)	обхезй	[obχezi:]

terremoto (m)	заминчунбй	[zamindʒunbi:]
abalo, tremor (m)	заминчунбй,такон	[zamindʒunbi:,takon]
epicentro (m)	эпимарказ	[ɛpimarkaz]

erupção (f)	оташфишонй	[otaʃfiʃoni:]
lava (f)	гудоза	[gudoza]

tornado (m)	гирдбод	[girdbod]
tornado (m)	торнадо	[tornado]
tufão (m)	тӯфон	[tœfon]

furacão (m)	тундбод	[tundbod]
tempestade (f)	тӯфон, бӯрои	[tœfon], [bœroi]
tsunami (m)	сунами	[sunami]

ciclone (m)	сиклон	[siklon]
mau tempo (m)	хавои бад	[ħavoi bad]
incêndio (m)	сӯхтор, оташ	[sœχtor], [otaʃ]
catástrofe (f)	садама, фалокат	[sadama], [falokat]

meteorito (m)	метеорит, шихобпора	[meteorit], [ʃihobpora]
avalanche (f)	тарма	[tarma]
deslizamento (m) de neve	тарма	[tarma]
nevasca (f)	бӯрони барфӣ	[bœroni barfi:]
tempestade (f) de neve	бӯрон	[bœron]

FAUNA

87. Mamíferos. Predadores

predador (m)	дарранда	[darranda]
tigre (m)	бабр, паланг	[babr], [palang]
leão (m)	шер	[ʃer]
lobo (m)	гург	[gurg]
raposa (f)	рӯбоҳ	[rœboh]
jaguar (m)	юзи ало	[juzi alo]
leopardo (m)	паланг	[palang]
chita (f)	юз	[juz]
pantera (f)	пантера	[pantera]
puma (m)	пума	[puma]
leopardo-das-neves (m)	шерпаланг	[ʃerpalang]
lince (m)	силовсин	[silovsin]
coiote (m)	койот	[kojɔt]
chacal (m)	шагол	[ʃagol]
hiena (f)	кафтор	[kaftor]

88. Animais selvagens

animal (m)	ҳайвон	[hajvon]
besta (f)	ҳайвони ваҳшӣ	[hajvoni vahʃiː]
esquilo (m)	санҷоб	[sandʒob]
ouriço (m)	хорпушт	[xorpuʃt]
lebre (f)	заргӯш	[zargœʃ]
coelho (m)	харгӯш	[xargœʃ]
texugo (m)	қашқалдоқ	[qaʃqaldoq]
guaxinim (m)	енот	[enot]
hamster (m)	миримӯшон	[mirimœʃon]
marmota (f)	суғур	[suʁur]
toupeira (f)	кӯрмуш	[kœrmuʃ]
rato (m)	муш	[muʃ]
ratazana (f)	калламуш	[kallamuʃ]
morcego (m)	кӯршапарак	[kœrʃaparak]
arminho (m)	қоқум	[qoqum]
zibelina (f)	самур	[samur]
marta (f)	савсор	[savsor]
doninha (f)	росу	[rosu]
visom (m)	вашақ	[vaʃaq]

castor (m)	кундуз	[kunduz]
lontra (f)	сагоби	[sagobi]
cavalo (m)	асп	[asp]
alce (m)	шохгавазн	[ʃohgavazn]
veado (m)	гавазн	[gavazn]
camelo (m)	шутур, уштур	[ʃutur], [uʃtur]
bisão (m)	бизон	[bizon]
auroque (m)	гови вахши	[govi vahʃi:]
búfalo (m)	говмеш	[govmeʃ]
zebra (f)	гӯрхар	[gœrχar]
antílope (m)	антилопа, гизол	[antilopa], [ʁizol]
corça (f)	оху	[ohu]
gamo (m)	оху	[ohu]
camurça (f)	нахчир, бузи кӯхй	[naχʧir], [buzi kœhi:]
javali (m)	хуки вахши	[χuki vahʃi]
baleia (f)	кит, нахҳанг	[kit], [nahang]
foca (f)	тюлен	[tjulen]
morsa (f)	морж	[morʒ]
urso-marinho (m)	гурбаи обй	[gurbai obi:]
golfinho (m)	делфин	[delfin]
urso (m)	хирс	[χirs]
urso (m) polar	хирси сафед	[χirsi safed]
panda (m)	панда	[panda]
macaco (m)	маймун	[majmun]
chimpanzé (m)	шимпанзе	[ʃimpanze]
orangotango (m)	орангутанг	[orangutang]
gorila (m)	горилла	[gorilla]
macaco (m)	макака	[makaka]
gibão (m)	гиббон	[gibbon]
elefante (m)	фил	[fil]
rinoceronte (m)	карк, каркадан	[kark], [karkadan]
girafa (f)	заррофа	[zarrofa]
hipopótamo (m)	баҳмут	[bahmut]
canguru (m)	кенгуру	[kenguru]
coala (m)	коала	[koala]
mangusto (m)	росу	[rosu]
chinchila (f)	вашақ	[vaʃaq]
cangambá (f)	скунс	[skuns]
porco-espinho (m)	чайра, дугпушт	[dʒajra], [dugpuʃt]

89. Animais domésticos

gata (f)	гурба	[gurba]
gato (m) macho	гурбаи нар	[gurbai nar]
cão (m)	саг	[sag]

cavalo (m)	асп	[asp]
garanhão (m)	айғир, аспи нар	[ajʁir], [aspi nar]
égua (f)	модиён, байтал	[modijɔn], [bajtal]

vaca (f)	гов	[gov]
touro (m)	барзагов	[barzagov]
boi (m)	барзагов	[barzagov]

ovelha (f)	меш, ґӯсфанд	[meʃ], [gœsfand]
carneiro (m)	ґӯсфанд	[gœsfand]
cabra (f)	буз	[buz]
bode (m)	така, серка	[taka], [serka]

| burro (m) | хар, маркаб | [χar], [markab] |
| mula (f) | хачир | [χatʃir] |

porco (m)	хуқ	[χuq]
leitão (m)	хукбача	[χukbatʃa]
coelho (m)	харгӯш	[χargœʃ]

| galinha (f) | мурғ | [murʁ] |
| galo (m) | хурӯс | [χurœs] |

pata (f), pato (m)	мурғобӣ	[murʁobi:]
pato (m)	мурғобии нар	[murʁobi:i nar]
ganso (m)	қоз, ғоз	[qoz], [ʁoz]

| peru (m) | хурӯси мурғи марчон | [χurœsi murʁi mardʒon] |
| perua (f) | мокиёни мурғи марчон | [mokijɔni murʁi mardʒon] |

animais (m pl) domésticos	ҳайвони хонагӣ	[hajvoni χonagi:]
domesticado (adj)	ромшуда	[romʃuda]
domesticar (vt)	дастомӯз кардан	[dastomœz kardan]
criar (vt)	калон кардан	[kalon kardan]

fazenda (f)	ферма	[ferma]
aves (f pl) domésticas	паррандаи хонагӣ	[parrandai χonagi:]
gado (m)	чорво	[tʃorvo]
rebanho (m), manada (f)	пода	[poda]

estábulo (m)	саисхона, аспхона	[saisχona], [aspχona]
chiqueiro (m)	хукхона	[χukχona]
estábulo (m)	оғил, говхона	[oʁil], [govχona]
coelheira (f)	харгӯшхона	[χargœʃχona]
galinheiro (m)	мурғхона	[murʁχona]

90. Pássaros

pássaro (m), ave (f)	паранда	[paranda]
pombo (m)	кафтар	[kaftar]
pardal (m)	гунчишк, чумчук	[gundʒiʃk], [tʃumtʃuk]
chapim-real (m)	фотимачумчук	[fotimatʃumtʃuq]
pega-rabuda (f)	акка	[akka]
corvo (m)	зоғ	[zoʁ]

gralha-cinzenta (f)	зоғи ало	[zoʁi alo]
gralha-de-nuca-cinzenta (f)	зоғча	[zoʁtʃa]
gralha-calva (f)	шӯрнӯл	[ʃœrnœl]

pato (m)	мурғобй	[murʁobi:]
ganso (m)	қоз, ғоз	[qoz], [ʁoz]
faisão (m)	тазарв	[tazarv]

águia (f)	укоб	[ukob]
açor (m)	пайғу	[pajʁu]
falcão (m)	боз, шоҳин	[boz], [ʃohin]
abutre (m)	каргас	[kargas]
condor (m)	кондор	[kondor]

cisne (m)	қу	[qu]
grou (m)	куланг, турна	[kulang], [turna]
cegonha (f)	лаклак	[laklak]

papagaio (m)	тӯтй	[tœti:]
beija-flor (m)	колибри	[kolibri]
pavão (m)	товус	[tovus]

avestruz (m)	шутурмурғ	[ʃuturmurʁ]
garça (f)	ҳавосил	[havosil]
flamingo (m)	бутимор	[butimor]
pelicano (m)	мурғи сақҳо	[murʁi saqqo]

| rouxinol (m) | булбул | [bulbul] |
| andorinha (f) | фароштурук | [faroʃturuk] |

tordo-zornal (m)	дурроч	[durrodʒ]
tordo-músico (m)	дуррочи хушхон	[durrodʒi χuʃχon]
melro-preto (m)	дуррочи сиёҳ	[durrodʒi sijɔh]

andorinhão (m)	досак	[dosak]
cotovia (f)	чӯр, чаковак	[dʒœr], [tʃakovak]
codorna (f)	бедона	[bedona]

cuco (m)	фохтак	[foχtak]
coruja (f)	бум, чуғз	[bum], [dʒuʁz]
bufo-real (m)	чуғз	[tʃuʁz]
tetraz-grande (m)	дурроч	[durrodʒ]

| tetraz-lira (m) | титав | [titav] |
| perdiz-cinzenta (f) | кабк, каклик | [kabk], [kaklik] |

estorninho (m)	сор, соч	[sor], [sotʃ]
canário (m)	канарейка	[kanarejka]
galinha-do-mato (f)	рябчик	[rjabtʃik]

| tentilhão (m) | саъва | [sa'va] |
| dom-fafe (m) | севғар | [sevʁar] |

gaivota (f)	моҳихӯрак	[mohiχœrak]
albatroz (m)	уқоби баҳрй	[uqobi bahri:]
pinguim (m)	пингвин	[pingvin]

91. Peixes. Animais marinhos

brema (f)	симмоҳӣ	[simmohi:]
carpa (f)	капур	[kapur]
perca (f)	аломоҳӣ	[alomohi:]
siluro (m)	лаққамоҳӣ	[laqqamohi:]
lúcio (m)	шӯртан	[ʃœrtan]
salmão (m)	озодмоҳӣ	[ozodmohi:]
esturjão (m)	тосмоҳӣ	[tosmohi:]
arenque (m)	шӯрмоҳӣ	[ʃœrmohi:]
salmão (m) do Atlântico	озодмоҳӣ	[ozodmoχi:]
cavala, sarda (f)	заӯтамоҳӣ	[zaʁœtamohi:]
solha (f), linguado (m)	камбала	[kambala]
lúcio perca (m)	суфмоҳӣ	[sufmohi:]
bacalhau (m)	равғанмоҳӣ	[ravʁanmohi:]
atum (m)	самак	[samak]
truta (f)	гулмоҳӣ	[gulmohi:]
enguia (f)	мормоҳӣ	[mormohi:]
raia (f) elétrica	скати барқдор	[skati barqdor]
moreia (f)	мурена	[murena]
piranha (f)	пираня	[piranja]
tubarão (m)	наҳанг	[nahang]
golfinho (m)	делфин	[delfin]
baleia (f)	кит, наҳанг	[kit], [nahang]
caranguejo (m)	харчанг	[χartʃang]
água-viva (f)	медуза	[meduza]
polvo (m)	ҳаштпо	[haʃtpo]
estrela-do-mar (f)	ситораи баҳрӣ	[sitorai bahri:]
ouriço-do-mar (m)	хорпушти баҳрӣ	[χorpuʃti bahri:]
cavalo-marinho (m)	аспакмоҳӣ	[aspakmohi:]
ostra (f)	садафак	[sadafak]
camarão (m)	креветка	[krevetka]
lagosta (f)	харчанги баҳрӣ	[χartʃangi bahri:]
lagosta (f)	лангуст	[langust]

92. Anfíbios. Répteis

cobra (f)	мор	[mor]
venenoso (adj)	заҳрдор	[zahrdor]
víbora (f)	мори афъӣ	[mori afʼi:]
naja (f)	мори айнакдор, кӯбро	[mori ajnakdor], [kœbro]
píton (m)	мори печон	[mori petʃon]
jiboia (f)	мори печон	[mori petʃon]
cobra-de-água (f)	мори обӣ	[mori obi:]

| cascavel (f) | шақшақамор | [ʃaqʃaqamor] |
| anaconda (f) | анаконда | [anakonda] |

lagarto (m)	калтакалос	[kaltakalos]
iguana (f)	сусмор, игуана	[susmor], [iguana]
varano (m)	сусмор	[susmor]
salamandra (f)	калтакалос	[kaltakalos]
camaleão (m)	бӯқаламун	[bœqalamun]
escorpião (m)	каждум	[kaʒdum]

tartaruga (f)	сангпушт	[sangpuʃt]
rã (f)	қурбоққа	[qurboqqa]
sapo (m)	ғук, қурбоққаи чӯлӣ	[ʁuk], [qurboqqai ʧœli:]
crocodilo (m)	тимсох	[timsoh]

93. Insetos

inseto (m)	ҳашарот	[haʃarot]
borboleta (f)	шапалак	[ʃapalak]
formiga (f)	мӯрча	[mœrʧa]
mosca (f)	магас	[magas]
mosquito (m)	пашша	[paʃʃa]
escaravelho (m)	гамбуск	[gambusk]

vespa (f)	ору	[oru]
abelha (f)	занбӯри асал	[zanbœri asal]
mamangaba (f)	говзанбӯр	[govzanbœr]
moscardo (m)	ғурмагас	[ʁurmagas]

| aranha (f) | тортанак | [tortanak] |
| teia (f) de aranha | тори тортанак | [tori tortanak] |

libélula (f)	сӯзанак	[sœzanak]
gafanhoto (m)	малах	[malaχ]
traça (f)	шапалак	[ʃapalak]

barata (f)	нонхӯрак	[nonχœrak]
carrapato (m)	кана	[kana]
pulga (f)	кайк	[kajk]
borrachudo (m)	пашша	[paʃʃa]

gafanhoto (m)	малах	[malaχ]
caracol (m)	тӯкумшуллуқ	[tœkumʃulluq]
grilo (m)	чирчирак	[ʧirʧirak]
pirilampo, vaga-lume (m)	шабтоб	[ʃabtob]
joaninha (f)	момохолак	[momoχolak]
besouro (m)	гамбуски саврӣ	[gambuski savri:]

sanguessuga (f)	шуллук	[ʃulluk]
lagarta (f)	кирм	[kirm]
minhoca (f)	кирм	[kirm]
larva (f)	кирм	[kirm]

FLORA

94. Árvores

árvore (f)	дарахт	[daraҳt]
decídua (adj)	паҳнбарг	[pahnbarg]
conífera (adj)	… и сӯзанбарг	[i sœzanbarg]
perene (adj)	ҳамешасабз	[hameʃasabz]
macieira (f)	дарахти себ	[daraҳti seb]
pereira (f)	дарахти нок	[daraҳti nok]
cerejeira (f)	дарахти гелос	[daraҳti gelos]
ginjeira (f)	дарахти олуболу	[daraҳti olubolu]
ameixeira (f)	дарахти олу	[daraҳti olu]
bétula (f)	тӯс	[tœs]
carvalho (m)	булут	[bulut]
tília (f)	зерфун	[zerfun]
choupo-tremedor (m)	сиёҳбед	[sijohbed]
bordo (m)	заранг	[zarang]
espruce (m)	коҷ, ел	[kodʒ], [el]
pinheiro (m)	санавбар	[sanavbar]
alerce, lariço (m)	коҷи баргрез	[kodʒi bargrez]
abeto (m)	пихта	[piҳta]
cedro (m)	дарахти чалғӯза	[daraҳti dʒalʁœza]
choupo, álamo (m)	сафедор	[safedor]
tramazeira (f)	ғубайро	[ʁubajro]
salgueiro (m)	бед	[bed]
amieiro (m)	роздор	[rozdor]
faia (f)	бук, олаш	[buk], [olaʃ]
ulmeiro, olmo (m)	дарахти ларг	[daraҳti larg]
freixo (m)	шумтол	[ʃumtol]
castanheiro (m)	шоҳбулут	[ʃohbulut]
magnólia (f)	магнолия	[magnolija]
palmeira (f)	нахл	[naҳl]
cipreste (m)	дарахти сарв	[daraҳti sarv]
mangue (m)	дарахти анбаҳ	[daraҳti anbah]
embondeiro, baobá (m)	баобаб	[baobab]
eucalipto (m)	эвкалипт	[ɛvkalipt]
sequoia (f)	секвойя	[sekvojja]

95. Arbustos

arbusto (m)	бутта	[butta]
arbusto (m), moita (f)	бутта	[butta]

videira (f)	ток	[tok]
vinhedo (m)	токзор	[tokzor]

framboeseira (f)	тамашк	[tamaʃk]
groselheira-negra (f)	қоти сиёҳ	[qoti sijɔh]
groselheira-vermelha (f)	коти сурх	[koti surχ]
groselheira (f) espinhosa	бектошй	[bektoʃi:]

acácia (f)	акатсия, ақоқиё	[akatsija], [aqoqijɔ]
bérberis (f)	буттаи зирк	[buttai zirk]
jasmim (m)	ёсуман	[jɔsuman]

junípero (m)	арча, ардач	[arʧa], [ardaʤ]
roseira (f)	буттаи гул	[buttai gul]
roseira (f) brava	хуч	[χuʧ]

96. Frutos. Bagas

fruta (f)	мева, самар	[meva], [samar]
frutas (f pl)	меваҳо, самарҳо	[mevaho], [samarho]

maçã (f)	себ	[seb]
pera (f)	мурӯд, нок	[murœd], [nok]
ameixa (f)	олу	[olu]

morango (m)	қулфинай	[qulfinaj]
ginja (f)	олуболу	[olubolu]
cereja (f)	гелос	[gelos]
uva (f)	ангур	[angur]

framboesa (f)	тамашк	[tamaʃk]
groselha (f) negra	қоти сиёҳ	[qoti sijɔh]
groselha (f) vermelha	коти сурх	[koti surχ]
groselha (f) espinhosa	бектошй	[bektoʃi:]
oxicoco (m)	клюква	[kljukva]

laranja (f)	афлесун, пӯртахол	[aflesun], [pœrtaχol]
tangerina (f)	норанг	[norang]
abacaxi (m)	ананас	[ananas]
banana (f)	банан	[banan]
tâmara (f)	хурмо	[χurmo]

limão (m)	лиму	[limu]
damasco (m)	дарахти зардолу	[daraχti zardolu]
pêssego (m)	шафтолу	[ʃaftolu]

quiuí (m)	кивй	[kivi:]
toranja (f)	норинч	[norinʤ]

baga (f)	буттамева	[buttameva]
bagas (f pl)	буттамеваҳо	[buttamevaho]
arando (m) vermelho	брусника	[brusnika]
morango-silvestre (m)	тути заминй	[tuti zamini:]
mirtilo (m)	черника	[ʧernika]

97. Flores. Plantas

flor (f)	гул	[gul]
buquê (m) de flores	дастаи гул	[dastai gul]
rosa (f)	гул, гули садбарг	[gul], [guli sadbarg]
tulipa (f)	лола	[lola]
cravo (m)	гули мехак	[guli meχak]
gladíolo (m)	гули ёқут	[guli jɔqut]
centáurea (f)	тугмагул	[tugmagul]
campainha (f)	гули момо	[guli momo]
dente-de-leão (m)	коқу	[koqu]
camomila (f)	бобуна	[bobuna]
aloé (m)	уд, сабр, алоэ	[ud], [sabr], [aloɛ]
cacto (m)	гули ханчарй	[guli χandʒari:]
fícus (m)	тутанчир	[tutandʒir]
lírio (m)	савсан	[savsan]
gerânio (m)	анчибар	[andʒibar]
jacinto (m)	сунбул	[sunbul]
mimosa (f)	нозгул	[nozgul]
narciso (m)	наргис	[nargis]
capuchinha (f)	настаран	[nastaran]
orquídea (f)	саҳлаб, сӯҳлаб	[sahlab], [sœhlab]
peônia (f)	гули ашрафй	[guli aʃrafi:]
violeta (f)	бунафша	[bunaʃʃa]
amor-perfeito (m)	бунафшаи франгӣ	[bunaʃʃai farangi:]
não-me-esqueças (m)	марзангӯш	[marzangœʃ]
margarida (f)	гули марворидак	[guli marvoridak]
papoula (f)	кӯкнор	[kœknor]
cânhamo (m)	бангдона, канаб	[bangdona], [kanab]
hortelã, menta (f)	пудина	[pudina]
lírio-do-vale (m)	гули барфак	[guli barfak]
campânula-branca (f)	бойчечак	[bojʧeʧak]
urtiga (f)	газна	[gazna]
azedinha (f)	шилха	[ʃilχa]
nenúfar (m)	нилуфари сафед	[nilufari safed]
samambaia (f)	фарн	[farn]
líquen (m)	гулсанг	[gulsang]
estufa (f)	гулхона	[gulχona]
gramado (m)	чаман, сабзазор	[ʧaman], [sabzazor]
canteiro (m) de flores	гулзор	[gulzor]
planta (f)	растанӣ	[rastani:]
grama (f)	алаф	[alaf]
folha (f) de grama	хас	[χas]

folha (f)	барг	[barg]
pétala (f)	гулбарг	[gulbarg]
talo (m)	поя	[poja]
tubérculo (m)	бех, дона	[beχ], [dona]

| broto, rebento (m) | неш | [neʃ] |
| espinho (m) | хор | [χor] |

florescer (vi)	гул кардан	[gul kardan]
murchar (vi)	пажмурда шудан	[paʒmurda ʃudan]
cheiro (m)	бӯй	[bœj]
cortar (flores)	буридан	[buridan]
colher (uma flor)	кандан	[kandan]

98. Cereais, grãos

grão (m)	дона, ғалла	[dona], [ʁalla]
cereais (plantas)	растаниҳои ғалладона	[rastanihoi ʁalladona]
espiga (f)	хӯша	[χœʃa]

trigo (m)	гандум	[gandum]
centeio (m)	чавдор	[dʒavdor]
aveia (f)	ҳуртумон	[hurtumon]
painço (m)	арзан	[arzan]
cevada (f)	чав	[dʒav]

milho (m)	чуворимакка	[dʒuvorimakka]
arroz (m)	шолӣ, биринҷ	[ʃoli:], [birindʒ]
trigo-sarraceno (m)	марчумак	[mardʒumak]

ervilha (f)	нахӯд	[naχœd]
feijão (m) roxo	лӯбиё	[lœbijɔ]
soja (f)	соя	[soja]
lentilha (f)	наск	[nask]
feijão (m)	лӯбиё	[lœbijɔ]

PAÍSES DO MUNDO

99. Países. Parte 1

Afeganistão (m)	Афғонистон	[afʁoniston]
África (f) do Sul	Африқои Ҷанубӣ	[afriqoi dʒanubi:]
Albânia (f)	Албания	[albanija]
Alemanha (f)	Олмон	[olmon]
Arábia (f) Saudita	Арабистони Саудӣ	[arabistoni saudi:]
Argentina (f)	Аргентина	[argentina]
Armênia (f)	Арманистон	[armaniston]
Austrália (f)	Австралия	[avstralija]
Áustria (f)	Австрия	[avstrija]
Azerbaijão (m)	Озарбойҷон	[ozarbojdʒon]
Bahamas (f pl)	Ҷазираҳои Багам	[dʒazirahoi bagam]
Bangladesh (m)	Бангладеш	[bangladeʃ]
Bélgica (f)	Белгия	[belgija]
Belarus	Беларус	[belarus]
Bolívia (f)	Боливия	[bolivija]
Bósnia e Herzegovina (f)	Босния ва Ҳерсеговина	[bosnija va hersegovina]
Brasil (m)	Бразилия	[brazilija]
Bulgária (f)	Булғористон	[bulʁoriston]
Camboja (f)	Камбоҷа	[kambodʒa]
Canadá (m)	Канада	[kanada]
Cazaquistão (m)	Қазоқистон	[qazoqiston]
Chile (m)	Чиле	[tʃile]
China (f)	Чин	[tʃin]
Chipre (m)	Кипр	[kipr]
Colômbia (f)	Колумбия	[kolumbija]
Coreia (f) do Norte	Кореяи Шимолӣ	[korejai ʃimoli:]
Coreia (f) do Sul	Кореяи Ҷанубӣ	[korejai dʒanubi:]
Croácia (f)	Хорватия	[xorvatija]
Cuba (f)	Куба	[kuba]
Dinamarca (f)	Дания	[danija]
Egito (m)	Миср	[misr]
Emirados Árabes Unidos	Иморатҳои Муттаҳидаи Араб	[imorathoi muttahidai arab]
Equador (m)	Эквадор	[ɛkvador]
Escócia (f)	Шотландия	[ʃotlandija]
Eslováquia (f)	Словакия	[slovakija]
Eslovênia (f)	Словения	[slovenija]
Espanha (f)	Испония	[isponijɔ]
Estados Unidos da América	Иёлоти Муттаҳидаи Америка	[ijɔloti muttahidai amerika]
Estônia (f)	Эстония	[ɛstonija]

| Finlândia (f) | Финланд | [finland] |
| França (f) | Фаронса | [faronsa] |

100. Países. Parte 2

Gana (f)	Гана	[gana]
Geórgia (f)	Гурчистон	[gurdʒiston]
Grã-Bretanha (f)	Инглистон	[ingliston]
Grécia (f)	Юнон	[junon]
Haiti (m)	Гаити	[gaiti]
Hungria (f)	Мачористон	[madʒoriston]
Índia (f)	Ҳиндустон	[hinduston]

Indonésia (f)	Индонезия	[indonezija]
Inglaterra (f)	Англия	[anglija]
Irã (m)	Эрон	[ɛron]
Iraque (m)	Ироқ	[iroq]
Irlanda (f)	Ирландия	[irlandija]
Islândia (f)	Исландия	[islandija]
Israel (m)	Исроил	[isroil]

Itália (f)	Итолиё	[itolijo]
Jamaica (f)	Ямайка	[jamajka]
Japão (m)	Жопун, Чопон	[ʒopun], [dʒopon]
Jordânia (f)	Урдун	[urdun]
Kuwait (m)	Кувайт	[kuvajt]

| Laos (m) | Лаос | [laos] |
| Letônia (f) | Латвия | [latvija] |

Líbano (m)	Лубнон	[lubnon]
Líbia (f)	Либия	[libija]
Liechtenstein (m)	Лихтенштейн	[liχtenʃtejn]
Lituânia (f)	Литва	[litva]
Luxemburgo (m)	Люксембург	[ljuksemburg]

| Macedônia (f) | Мақдуния | [maqdunija] |
| Madagascar (m) | Мадагаскар | [madagaskar] |

Malásia (f)	Малайзия	[malajzija]
Malta (f)	Малта	[malta]
Marrocos	Марокаш	[marokaʃ]
México (m)	Мексика	[meksika]
Birmânia (f)	Мянма	[mjanma]

| Moldávia (f) | Молдова | [moldova] |
| Mônaco (m) | Монако | [monako] |

Mongólia (f)	Муғулистон	[muʁuliston]
Montenegro (m)	Монтенегро	[montenegro]
Namíbia (f)	Намибия	[namibija]
Nepal (m)	Непал	[nepal]
Noruega (f)	Норвегия	[norvegija]
Nova Zelândia (f)	Зеландияи Нав	[zelandijai nav]

101. Países. Parte 3

Português	Tadjique	Transcrição
Países Baixos (m pl)	Ҳоланд	[holand]
Palestina (f)	Фаластин	[falastin]
Panamá (m)	Панама	[panama]
Paquistão (m)	Покистон	[pokiston]
Paraguai (m)	Парагвай	[paragvaj]
Peru (m)	Перу	[peru]
Polinésia (f) Francesa	Полинезияи Фаронсавй	[polinezijai faronsavi:]
Polônia (f)	Полша, Лаҳистон	[polʃa], [lahiston]
Portugal (m)	Португалия	[portugalija]
Quênia (f)	Кения	[kenija]
Quirguistão (m)	Қирғизистон	[qirʁiziston]
República (f) Checa	Чехия	[tʃeχija]
República Dominicana	Чумхурии Доминикан	[dʒumhuri:i dominikan]
Romênia (f)	Руминия	[ruminija]
Rússia (f)	Россия	[rossija]
Senegal (m)	Сенегал	[senegal]
Sérvia (f)	Сербия	[serbija]
Síria (f)	Сурия	[surija]
Suécia (f)	Шветсия	[ʃvetsija]
Suíça (f)	Швейсария	[ʃvejsarija]
Suriname (m)	Суринам	[surinam]
Tailândia (f)	Таиланд	[tailand]
Taiwan (m)	Тайван	[tajvan]
Tajiquistão (m)	Тоҷикистон	[todʒikiston]
Tanzânia (f)	Танзания	[tanzanija]
Tasmânia (f)	Тасмания	[tasmanija]
Tunísia (f)	Тунис	[tunis]
Turquemenistão (m)	Туркманистон	[turkmaniston]
Turquia (f)	Туркия	[turkija]
Ucrânia (f)	Украйна	[ukrajina]
Uruguai (m)	Уругвай	[urugvaj]
Uzbequistão (f)	Ӯзбакистон	[œzbakiston]
Vaticano (m)	Вотикон	[votikon]
Venezuela (f)	Венесуэла	[venesuɛla]
Vietnã (m)	Ветнам	[vetnam]
Zanzibar (m)	Занзибар	[zanzibar]